書く子は育つ

作文で〈考える力〉を伸ばす!

寝る子は育つ。書く子はもっと育つ――「序」に代えて

作文に上手や下手は関係ありません。別に競争ではないのですから。

大事なことは、物事をどうとらえ、どんなことに気づいて書いているかです。「あっ、そうだ」と何かに気づいたり発見したりすると、誰かに話したくなるものです。そんなことを書けばいいんですね。

作文の技術的なことはおいおい学んでいくとして、とりあえず考えてみませんか。そもそも作文って何なんだろうと。

作物という言葉があります。大根やネギなど田畑で作ったもののことです。それに倣《なら》って言いますと、作文は「文を作る」ということになります。

では、文とは一体何でしょう。作物を作る時に必要なのは土です。みなさんが書く文にも土が必要です。その土となるのが体験です。

土から一本の木が伸びて、「文の木」となります。文の木は節から成り立っています。例えば、「今日はお母さんと一緒に来ました」というひとまとまりの文があります。文中に「ネ」を入れてみてください。


今日はネ、お母さんとネ、一緒にネ、来ましたネ

となりますから、この文は四つの節からできているとわかります。そして一本一本の文の木が集まって何本もの木ができたら、文章になります。

仮に節のある竹が文の木だとしますと、竹林が文章ということになります。

すると竹の子は？　竹林でしばらく育ててやらなければならない文の木の若芽です。わかりますね。

さて、ここで少しふれておきたいことがあります。望ましい作文を書く秘訣です。

文章の本などによく挙げられているのは①自分にしか書けないことを、②誰にでもわかるように書くこと——の二点です。

①の自分にしか書けないことは体験です。例えばA君とB君とC君は一緒に学校から帰り、川で遊んだとします。友だちと一緒の体験は自分だけの体験ではないのだから、自分にしか書けないことではない、と思ったら間違いです。同じ体験をしても、人が違えば感じることも思うことも違います。だから体験したことをちゃんと書くことが、自分にしか書けないことになるのです。

②の誰にでもわかるように書くというのは、読みやすい文章で書くということです。それには読み手のことを第一に考えなければなりませんが、このあたりのことは、あとでくわしくふれるつもりです。

「寝る子は育つ」ということわざがあります。生まれたばかりの子はほとんど一日中寝ていますが、それが健康の証だからです。

そのうちその子も学校へ行くようになります。学校では先生から「よく学び、よく遊べ」といったことが言われます。これも日本のことわざです。

学ぶだけ、また遊ぶだけに片寄ってはいけない。勉強一辺倒では頭も疲れる。集中力にも限度がある。バランスが大切だというわけです。

勉強は読んだり、書いたり、数えたりが中心ですが、なかんずく文章を書くことが大切だ、とぼくは思っています。

文章は頭で物事の筋道を理解し、心でうなずき、納得しないと前には進めません。理解も納得もしていないのに前に進むことができたら、それは十分考えて書いていない文章でしょう。

書いて考える。これは勉強する過程で、とても重要なことです。書いて考えることがそれぞれの体験になり、そこからさらにいい考えが生まれたりします。人間の成長がそこにあるんですね。

そうだとすると、こういうことが言えるのではないでしょうか。

寝る子は育つ。書く子はもっと育つ、と。

この本は毎日小学生新聞の主催で二〇一六年五月から七月まで全三回にわたって開かれた「近藤勝重スーパーゼミ　親子で学ぶ作文教室」を受けて書き下ろしたものです。ですから、親子のみなさんを念頭に置いていますが、親だけを対象にした内容や、子どもには少し難しいかなと思える箇所もあります。

そこで、お父さん、お母さんにお願いです。子どもたちが読みつつ抱く疑問には、一緒に考え、いろいろ教えてあげてください。

親子ともども読み終えて、そうか、作文ってそういうものなのか、それなら書ける、とみなさんが思ってくだされば幸いです。

それでは始めましょう。「書く子は育つ」と銘打った紙上編「親子で学ぶ作文教室」を。

近藤勝重

目次

第4章 五感と身体感覚をフルに生かそう――145

第5章

伝わってこその文章――161

第1章

文章を書くというのはどういうことか

1．書けば考える力がつく

「書く」と「話す」の違い

書くということがどういうことかを知るために、話すことと比べてみたいと思います。

人は思ったことをぱっと口に出すことはできます。でも、思ったことをそのまま書けと言われたら、きっと書けないでしょう。そのまま文章にしても話がとんだり、脈絡がなかったり、気遣《きづか》いの足りない無神経な表現が入っていたりするのではないでしょうか。

頭の中だけで考えていると、同じところをぐるぐるまわるということがあります。考えがまとまらないことも多々あります。

そのことに気づいて、考えたことの断片をメモ書きする。すると考えがまとまってきたり、深まってきたりする。

そうなんです。メモなどを取りながら考えていくと、ここが欠けていたとか、ここがわかっていなかったとか、いろいろ気づき、見直すことができます。不思議なもので、手で書けば同時に頭が働くんですね。

学生だったころ、ぼくらは試験の時期になると「ノート、まとめた?」と声を掛け合いました。要点をノートに書き出して、自分なりに整理することを「まとめる」と言っていたのです。

まとめの作業をするとよく頭に入る。手で書いて考える習慣はそうして身についたものです。

人は何かを書こうとする時、自分を見つめ、その内容を確認するものです。

例えば手紙を書く時、ペン先が紙にふれる直前でかたまってしまうのも、それが理由でしょう。

改まって考えたことを文字化する。単なる用件や急ぐ連絡などは携帯やメールですませられますが、自分の意見や考えを相手にちゃんと伝え、その人に力になってもらわなければならないなどの内容ですと、やはり手紙でしょう。一通の手紙が自分の人生を左右する場合だってあり得ますよね。

改まる。きっとこれが手紙のいいところなんでしょう。正面から向き合うことが難しかった相手に書く手紙などは、その価値が一段と増すことでしょう。改まるということで、下書きをしたりする人もいるでしょうが、ぼくは下書きはいいことだと思っています。文章がうまくまとまらず、何度か書き直しているうちにだんだんと考えもまとまってくるんですね。

ついでながら、書くことと脳内の働きにふれておきます。

文章を書く上で必要な記憶は、大脳皮質の側頭葉に長期記憶として蓄積されています。書く際には、やはり大脳皮質にある前頭葉が「こういう記憶を」とリクエストして、長期記憶から情報を引き出すわけです。

これも大事なことなので付記しておきますが、長期記憶として安定的に保存されているのは体験記憶です。書く際に確認した事柄なども、それ相当の間、長期記憶にとどまっているようです。

頭の理解、心の納得

ところで、「思う」と「考える」を一緒にした「思考力」という言葉があります。でも、「思う」と「考える」は一体化してとらえるより、峻別《しゅんべつ》すべきでしょう。

胸に抱く希望や何かをしようとする気持ちなどが「思う」で、「考える」はあれこれ比べるなどして結論を出すことをいいます。「思う」がまずあって、「考える」と続くのが一般的な思考の流れでしょうか。

ただぼくの場合は、「思う」と「考える」の間でメモも含め「書く」という作業がしばしば伴います。書かないとちゃんと考えられないからです。

物事について何か思うことがあり、どうしたものかと疑問に思うと考え始める。しかし、ああでもない、こうでもないとなってくると、頭が容易に働かない。かつ、考えているうちに次から次に疑問や新たな考えが浮かんでくる。

そうなると、メモでも何でも書いて考えざるを得ない。それは決して特別なことではなく、一般的な思考の流れです。

と書いて、ふと頭に浮かんだ像があります。ロダンの彫刻「考える人」です。あごに手を当てたままですが、あのポーズのままずっと考えていられるのだろうか。

第一、思案投げ首で答えが出せるのだろうか。「考える人」という名称より、むしろ「思う」に重きを置いて「物思う人」ぐらいでいいのでは、と余計なことまで思ってしまいます。

話を戻しますが、物事の意味や内容への頭の理解はもちろん、心がうなずかないと、作文であれリポートであれ前へは進めません。つまり書いて考えるということは、頭と心の往復運動を伴います。同時に頭と心も生き生きと働いてくれるわけです。

それはスマホで始まり、スマホで終わる一日が可能にしてくれるものでは決してありません。スマホは物事によっては頭の理解や心の納得抜きでも、手のひらの画面に答えを出してくれます。

しかし、ぼくらにとって勉強って何だったのでしょう。理解と納得の過程にこそ学ぶべきことがたくさんあったのでは、と思うと、「スマホの人」の先々についつい考えが及んでしまいます。そして書いて考えることが、なおのこと必要だと思わせられるのです。

ところで、考えたところで簡単には答えの出せない問題が多々あります。例えばあの人はどういう人なのか。うーん、と考え込まざるを得ない人、けっこういますよね。何回も会って話をし、食事を共にしたとしても、他者の心の内側までわかるものではありません。

ここでとりあえずぼくが言えるのは、自分を見つめる一方で、相手の身になって考えるということも大切だということです。相手の身になる。言うはやすしですが、でもそういうことができるのが人間なんですね。

大いに書いて、考え、人間関係も豊かにしてほしいですね。

2. 書けば生きる力が増す

手を差し伸べてくれる言葉

「モタさん」の愛称で親しまれた作家で精神科医の斎藤茂太さんは「このごろ眠れなくて……」とやってきた不眠症の患者にこう言ったそうです。

「実は私も昨日の晩は眠れなかったんです」

その一言で患者がすごく変わったそうですね。わかる気がします。

くよくよする人に「くよくよするな」ではなくて、「ぼくもそういうところがあるんだよ」と声を掛けてあげる。一般論ではなく自分のこととして言う。心を通わせる対話のヒントがここにあると同時に、言葉の力をうかがわせるエピソードでもあります。

実際、人間って弱いものです。どんなに前向きに！　ポジティブに！　と日頃から言っていても、人間ドックの検査結果一つで暗く沈んでしまいます。しかし、その「クロ」の結果も医師の一言でずいぶん救われます。

二十年前、ぼくは早期胃がんを告げられましたが、医師の「盲腸を切るのと一緒でっせ。寝てる間に終わりますよ」の一言で楽になったどころか、手術の日が近づくまでがんであることを忘れていたほどでした。

悩んで落ち込んだり、自信をなくし掛けたり、あるいは困難な状況に立たされたりした時、大丈夫だよ、と手を差し伸べてくれるのも言葉です。本当に言葉の力は絶大です。

哲学者パスカルが人間を「考える葦《あし》」と言ったのは、「人間は自然の中では脆弱《ぜいじゃく》な葦に過ぎないが、思考する存在だから……」という解釈があります。一方で、人間は葦のような分際だということを忘れてはならないという意味が込められている、と批評家の小林秀雄氏（一九〇二〜一九八三）はおっしゃっています。

ということはどういうことでしょうか。人間が人間たり得ているのは、生き物の中で唯一言葉を用い、言葉と一緒に物事を考え、書くことができるということでしょう。要は考え、書くということにどれだけ人間自らが助けられているか、そのことを忘れはならないということを言っているのだと思います。

よく書くことは、よく生きることだ

過日、毎日小学生新聞の編集長から、子どものいじめ――自殺に関連して「命の重さ」についての原稿を求められました。手元にその記事があります。

この世に生を受ける
生は命のある間のもの

人は水がなくては生きられない
また一人でも生きられない
自然との共生、共存
ほかの人との悲しみや喜びの共有、共感……。

以上は毎日小学生新聞から求められた「命の重さについて」の原稿のメモ書きです。このあとは大きな字で「関係」と書いて、「大小さまざまな存在とつながっているのが人間の命」と続けています。「命の重み」を考えているうちに、そういう言葉にたどり着いたんですね。

＊　＊　＊

ぼくは書かないと考えられません。物事がどこまでわかっているか。考えるためにも書いています。ここで考え方のメモを取り入れた原稿にしたのも、書いて考えませんか、とみなさんに呼び掛けたかったからです。

ぼくは学校などで作文教室や親と子の文章教室を開いたりしています。ある小学校で五年生の女の子、A子さんがこんなことを書いていました。

「学校が大きらいなので、外にも出たくないです。（中略）べん強もきらいだしできないし、姉にバカにされるのがいやです」

後日、A子さんから作文教室の感想が送られてきました。

「思った事をだれにも言えなくてすごくいやだったけれど、文を書くことによって、もう一人の自分が話を聞いてくれるような気がしました。なんだかきもちがすっきりしました」

このほか「口止めしていた秘密をバラされた」と書くB君からは「本音を打ち明けられてスッキリした」と。「靴を隠された」と嘆くC子さんは、一緒に探してくれた友だちのありがたさにふれていました。

小・中学生の作文を読むつど思うのです。書けば、自分と向かい合え、まわりにも目がゆき、自然や人と人とのつながりと共にある命の大切さがよりわかるのでは、と。

そして毎小読者に作文を書こうよ、と呼び掛けたのですが、この原稿を書き終えて痛切に思ったのはこういうことでした。

よく書くことは、よく生きることだ、と。


以前、『つらいことから書いてみようか』と題して本にしました。その年の夏のことでした。大阪の朝日放送ラジオの「おはようパーソナリティ道上洋三です」から出演の依頼があり、道上さんから「楽しいことではなく、なぜつらいことから書いてみようなんですか」と聞かれました。

次のような話をさせてもらった覚えがあります。

「例えばケンカなら、書くことでその経過を思い出し、自分自身をチェックすることができる。自分の言葉。相手の言葉。どちらに問題があったのか。もう一人の自分が現れて、その時の自分が見つめられる。そうしてちゃんと自分と向き合えれば、心の底にたまっていたマイナスの感情も外に出せ、おのずと気持ちの整理もつく。とにかく、つらい気持ちは溜めないこと。書くことの意味と価値はそこにあります」

さらに一言言い添えました。

「子どもたちのつらい気持ちは優しさと一緒にあることが多いんです」

言葉本来の意味を踏まえて

今回のテーマではもう一点、ふれておきたいことがあります。

車の性能の善し悪しは、車本来の力を引き出せるかどうか、ドライバーの運転次第ではないでしょうか。言葉も同様です。言葉本来の意味も踏まえ、ちゃんと用いられているかどうかが気になるところです。

「人間は顔じゃない」と言うべきところを「人間の顔じゃない」と言ってしまったケースなどは笑い話としてすむでしょうが、助詞一つでも使い方を誤ると車の暴走同様、相手を傷つけたりさえするものです。ちゃんと用いれば誤解されることもなく、おたがいわかり合え、言葉の力は人間関係に大きく生きてきます。

細かい文法的な話になりますが、早稲田大学大学院で留学生の作文を見てきました。助詞の「が」「は」の使い分けができない学生もいるんですね。例えば、「講堂がどこ?」「どれは講堂?」といった所在場所を訪ねる際など、「が」「は」の誤用が目立っていました。

生前、井上ひさし氏が日本人の間で「が」と「は」を誤用するようになれば、日本語の危機だとおっしゃっていました。そういう助詞の使い分けはおのずと身についているはずだというわけですが、正直言って、留学生以外にも誤用する学生が何人かいました。

「が」「は」の誤用例を挙げましたが、それに「も」も加え、「秋は深まる」「秋が深まる」「秋も深まる」の三例の意味合いの違いを考えてみてください。何となく違うのはおわかりと思いますので、日本語の第一人者、大野晋氏の『日本語相談　三』での解答例を要約しておきます。

例えば「秋は」の「は」は、「秋はどうなのか」という答えをその下に要求します。つまり「は」の上が問題で、下が答えだというわけです。「秋が」ですと、「が」の上が新しい知らせです。「秋も」の「も」は「AさんもBさんも秋も」といった感じで、そこに「共同体」の雰囲気が形作られます。そのうえで「秋は深まってきました」「秋が深まってきました」「秋も深まってきました」を解釈すると、「秋は〜」は「秋は（ドウシタカトイウト）深まってきました」ということになり、「秋が〜」は目の前で「秋が深まった」ということをあらわに描写する趣になります。それに比べ「秋も〜」は「書き手も読み手も秋も一緒に」という設定ですから、時候のあいさつなどにかなった表現になるわけです。

こういう文法と関わる話は書き出せばきりがないのですが、生きていくうえで欠かせない言葉を大切にしてほしいという思いから、少し付け加えさせてもらいました。

3．書けば優しさが生まれる

ふり返ると見方が変わる

優劣という言葉があります。優劣を競う、と言ったりします。作家の吉行淳之介氏は「優」とは「劣」の逆。つまり「優」は余力のある状態と断って、次のようにエッセーに書いています。

やさしさの前提には、力、がある。力があるからこそ弱い者をかばい、自分のエゴイズムを殺して相手をたててやることができる。

マイナス面も全部引き受けるのが本当の優しさだというわけですが、実はそういう優しさも書くことによって育まれると、ぼくは信じています。

もう一度書くことの効用を考えてみましょう。相手が嫌いだと思う気持ちや、否定的にとらえる気持ちも、書くことによって解消される面があるのです。論より証拠です。

元衆議院議員で東洋大学総長を務められた塩川正十郎氏が生前、森光子さんと対談（「文藝春秋」）していますが、そのあたりのことに話が及んでいます。他の本でも取り上げたことがありますが、この本でもぜひ紹介したいと思います。

僕ね、朝5時頃起きて、前の日の日記をつけているんです。毎日四百字くらい。秘書が作ったスケジュール表は見ないで、昨日の朝何を食べたかというところから、じーっと考えて思い出すんです。「昨日はおかゆやったな、それから慌てて9時に間に合うようにどこへ行った、何をした」と、朝食を思い出せればつるつる出てくる。それで、昨日、腹の立った出来事も、一日経ってふりかえると見方が変わってくるんです。誰かと喧嘩になっても、まあ、あいつの立場もあるわな、とかね。全然違う感情が湧いてくる。そこでまた別の角度から判断ができる。

豊かな人生体験を持つ年長者もまた、書くことによって穏やかな気持ちを取り戻していたのです。

日記というのは一日を思い出しつつその日のうちに気分を納め、明日に向けて気分を整えるものです。その一日に生じた心のほこりや汚れを払うのにも役立ちますよね。

ぼくは文章化する際、極力ネガティブな表現を避けています。というより、そういう言葉があまり出てきません。

否定語は聞く側、読む側にまわった時に、一般に感じている以上に強く響くとわかっているからだと思います。興奮していたとか、ひどく感情的になっているだとか、あとでよくあんな言葉が口にできたなあ、と反省させられた体験ゆえのことでしょう。

言葉の問題として考えると、憎しみや怒りのほうが理性的で冷静な物言いより口から飛び出しやすい、と言えるでしょう。先の塩川氏の日記の話は、そのあたりの経過も併せて物語っているようにも思われます。

気持ちが改まるということは、手紙のところですでに取り上げています。何よりも書くということで表せる優しさの文例を実際の手紙で学んでおきたいと思います。

芥川龍之介の恋文

紹介するのは芥川龍之介の手紙です。八歳年齢差がある都内の女子学校在学中の塚本文に旅先から出した恋文ですが、この二年後二人は結婚しています。率直な物言いながら優しく、気遣いと愛情が随所に感じ取れる文面です。

八月廿五日朝　一の宮海町岸一宮館にて

文ちゃん。

僕は　まだこの海岸で　本をよんだり原稿を書いたりして　暮らしてゐます。何時頃　うちへかへるか　それはまだ　はつきりわかりません。が、うちへ帰つてからは　文ちやんに　かう云う手紙を書く機会がなくなると思ひますから　奮発して一つ長いのを書きます。ひるまは　仕事をしたり泳いだりしてゐるので、忘れてゐますが　夕方や夜は　東京がこひしくなります。さうして　早く又　あのあかりの多い　にぎやかな通りを歩きたいと思ひます。しかし　東京がこひしくなると云ふのは　東京の町がこひしくなるばかりではありません。東京にゐる人もこひしくなるのです。さう云ふ時に　僕は時々　文ちやんの事を思ひ出します。文ちやんを貰ひたいと云ふ事を、僕が兄さんに話してから　何年になるでせう。（こんな事を文ちやんにあげる手紙に書いてもいいものかどうか　知りません。）貰ひたい理由はたつた一つあるきりです。さうして　その理由は僕は　文ちやんが好きだと云う事です。勿論昔から　好きでした。今でも　好きです。その外に何も理由はありません。僕は　世間の人のやうに　結婚と云ふ事と　いろいろな生活上の便宜と云ふ事とを一つにして考へる事の出来ない人間です。ですから　これだけの理由で兄さんに　文ちやんを頂けるなら頂きたいと云ひました。さうして　それは頂くとも頂かないとも　文ちやんの考へ一つで　きまらなければならないと云ひました。

僕は　今でも　兄さんに話した時の通りな心もちでゐます。世間では　僕の考へ方を　何と笑つてもかまひません。世間の人間は　いい加減な見合ひと　いい加減な身もとしらべとで　造作なく結婚してゐます。僕には　それが出来ません。その出来ない点で　世間より　僕の方が　余程高等だとうぬぼれてゐます。（中略）

僕には　文ちゃん自身の口から　かざり気のない返事を聞きたいと思つてゐます。繰返して書きますが、理由は一つしかありません。僕は　文ちゃんが好きです。それだけでよければ　来て下さい。

この手紙は　人に見せても見せなくても　文ちゃんの自由です。

一の宮は　もう秋らしくなりました。木槿《もくげ》の葉がしぼみかかつたり　弘法麦の穂がこげ茶色になつたりしているのを見ると　心細い気がします。僕がここにゐる間に　書く暇と　書く気とがあつたら　もう一度手紙を書いて下さい。「暇と気とがあったら」です。書かなくてもかまひません。が　書いて頂ければ　尚　うれしいだらうと思ひます。

これでやめます。皆さまによろしく

芥川竜之介

いかがですか。何か慈愛にも似た優しさで恋人を包み込むような文面ですよね。作家の手紙といえば、村上春樹氏が、『村上さんのところ』で読者からのメールでの質問「手紙のコツ」に答えています。こんな回答でした。

手紙を書くコツは、日頃から話題をためておくことです。面白そうな話題をいくつかストックしておいて、それを選んで並べる。でもだらだらした文章はだめです。コンパクトにまとめる。慣れないうちはむずかしいと思いますが、すべては訓練です。うちの奥さんは僕と結婚した理由をきかれて、「手紙がどれもすごく面白かったから」と答えていました。きみもがんばってください。大事なのは、うまい手紙を書こうと思わないことです。相手をにこにこさせちゃうような手紙を書こう。

面白いことを書いて相手の心をつかむ。心憎い愛情表現ですよね。

ネット上に飛び交うような人の心を踏みにじる乱暴極まる言葉も、書き言葉というより話し言葉のレベルでとらえれば、説明のつく問題ですね。

ぼくらはやはり書くことを通して、そういう乱暴な言葉と決別し、かつ乱暴な言葉を防ぐ側に立たなければならないのです。頭で理解し、心で納得した言葉を連ね、過剰から抑制の利いた表現へと変えていかなければならないのです。

話すは二人、書くは一人

さて作文に話を戻しますが、早稲田大学大学院の授業で学生たちに「書くということ」をどうとらえているかを書いてもらいました。その中で強く印象に残ったT・Y君の作品を紹介しておきます。

> 誰かに何かを伝えたい時、いずれにせよ文字という道具を使い、話すか書くかしかない。話すには相手がいる。書くには自分がいる。話すは二人、書くは一人だ。書くには自分しかいない。

日々生きていく中で様々な人、モノ、自然を通じて自分と対峙する。そして垢がつく。嫌なこと、不安、恐怖、生きることで得る負の面は、いくらこすっても取れない垢のように、心にこびり付く。

手、足、身体、顔。外面の汚れなら、水と石鹸があれば落とせる。しかし、心の垢を落とせるのは石鹸や水ではない。自分と向き合い、書くことではないか。

言いたいこと、言えないこと、言いそびれたこと。他人には話せない内容も、書くことならできる。

人は書くことでしか、どこかに預けた自分を取り戻すことができないのではないだろうか。

作文を書くうえで有意義な指摘がいくつもある文章に思われます。再読してくださいね。

親への伝言板 1

子どもが作文好きになる五つの心得

文章を書いたり、学生や子どもと接したりするなかで、子どもが書くのが好きになる五つの心得をお話ししましょう。

①聞くは言うに勝る

映画解説者の淀川長治さんは、子どものころから一人で映画を見に行っていました。淀川少年が帰ってくると、家族全員が「どんな推理だったの?」「誰が主人公だったの?」「主人公はどうなったの?」など、いろいろなことを聞きました。

淀川少年は聞かれることがうれしくて、一生懸命話をするわけです。それでますます映画が好きになりました。どんなふうに説明すればみんながわかってくれるか、言葉の力も養われていきました。

文章も一緒です。子どもは「面白い」と言われたら、面白い話をするようになります。親が聞く姿勢があったら子どもは話します。そのやりとりの中で子どもたちの言葉の力が磨かれていくことは間違いありません。聞き方一つで子どもたちの文章力が高まるのです。

②正しいことは決して正しくない

子どもが九十五点の算数のテストを持って帰ってきました。その時、親が「一〇〇点、何人いたの？　一〇〇点取らないとね」と言ってはダメなんです。言っていることは正しいとしても、正しいことは決して正しくないんです。「頑張ったね」「たった一つしか間違えなかったね」とほめてやることが次の一〇〇点につながります。

子どもの作文に先生がいろいろと赤ペンを入れていたとしても、「お母さんには、ここが面白いように思えるけどね」など言われると、子どもは次は頑張ろうという気になるものです。

③当たり前に不思議あり

子どもが親からすると当たり前に思えるようなことに疑問を持って不思議がった時は、「そうよね」と一緒に考えてあげてください。

小林秀雄氏と三木清氏との対談に「近代の人間は驚きが少なくなった。何でも当たり前に受け止めている」とあります。ロシアで隕石が落ちた時、大変な被害が出ました。ところが「隕石だ」と言ったとたんに、「隕石か」で終わってしまう。これが原始人だったら大変な騒ぎになっていたのではないでしょうか。

ぼくらは知識があるから驚きが少ない。でも、子どもはそこまで知識がないこともあるし、その子から見れば「？」と思えることも多々あるのです。

そこが大事なんです。そこに「考えさせる芽」がある。疑問に思うことから子ども自身がどう伸びていくか。そこに「考える子」になる芽もあるわけです。親も不思議がる子どもと一緒に不思議がり、考えてあげてください。

④「子ども」を教えている

科目名は「国語」でも「作文」でもなく、「子ども」、つまり子どもを教えていると思ってほしいのです。アメリカの数学の先生が、ある時、数学ではなく子どもを教えているんだと考え直し、完全な答えを求める教え方を改めました。すると、子どもたちは自分が好きになり、成績が上がったそうですよ。

⑤「真似る」は「学ぶ」

よくある質問に「文章上達の早道は？」があります。ぼくは「サル真似がいいようですよ」と答えています。

すると「真似るって？」といぶかる人もいますが、芸人さんなんか師匠の芸を真似て盗む、つまり学ぶといったことを言いますよね。

サル真似は人間の証です、とは霊長類研究の第一人者で知られる京都大学の山極寿一教授の言葉です。真似るというのは他者を受け入れるということであると同時に、そのことで自分自身もわかってくる。いくら真似ても自分は自分、他者にはなれませんと教授はテレビで話していました。

それでは作家の方々がおっしゃる文章上達法はどうなのでしょうか。批評家の小林秀雄氏の『モオツァルト』に出てくる次の言葉は有名です。

「模倣は独創の母である」

谷崎潤一郎氏の『文章読本』には「出来るだけ多くのものを、繰り返して読むこと」とあります。丸谷才一氏の『文章読本』では「作文の極意」は「ただ名文に接し名文に親しむこと、それに盡《つ》きる」とあります。

興味深いところでは吉村昭氏のエッセイにある次のくだりです。

「志賀直哉、梶井基次郎、川端康成、大岡昇平、永井龍男氏らの諸作品が、私の眼の前にそびえていて、私はそれらの諸氏の秀れた作品の文章を筆写したりしていた」

「真似る」は「学ぶ」なんですね。

ぼくのおすすめの筆写のお手本は、村上春樹氏の初めての短編集『中国行きのスロウ・ボート』に所収の「土の中の彼女の小さな犬」で描かれたリゾート・ホテルの食堂の情景です。

> 六月の金曜日の朝で、食堂はがらんとして人気《ひとけ》がなかった。いや、人気がないなんてものじゃない。テーブルが二十四とグランド・ピアノ、自家用プールくらいの大きさの油絵、そして客は僕一人だ。おまけに注文はコーヒーとオムレツだけ。白い上着を着た二人のウェイターは何をするともなくぼんやりと雨

を眺めていた。
僕は味のないオムレツを食べてしまうと、コーヒーをすすりながら朝刊を読んだ。新聞はぜんぶで二十四ページあったが、くわしく読みたくなるような記事はひとつとして見あたらなかった。ためしに二十四ページめから逆にページを繰ってみたが結果は同じだった。僕は新聞を畳んでテーブルの上に置き、コーヒーを飲んだ。
窓からは海が見えた。いつもなら海岸線の数百メートル先に小さな緑の島が見えるはずだったが、今朝はその輪郭するらみつけることができなかった。雨が灰色の空と暗い海の境を完全に消しさっていた。雨の中で何もかもがぼんやりとにじんでいた。(中略)
僕がコーヒー・ポットから二杯めのコーヒーをカップに注いでいる時、若い女が一人、食堂に入ってきた。白いブラウスの肩にブルーの薄いカーディガンをかけ、膝までの長さのさっぱりとした紺のスカートをはいていた。彼女が歩くとコツコツという気持の良い音がした。上等なハイヒールが上等な木の床を打つ音だ。彼女の出現によって、ホテルの食堂はやっとホテルの食堂らしくなった。ウェイターたちも少しほっとしたみたいに見えた。僕も同じ気持だった。

ぜひ原稿用紙に手書きで書き写してみてください。手で書けば一字一句が伝わってきますよ。

まずはそうしてお父さん、お母さんが筆写して感覚をつかんだあと、子どもたちには国語の教科書などに出てくる文章を選んでもらい、「真似るは学ぶだよ」と教えてあげてください。

第2章

文章は上手、下手よりテーマのとらえ方

1．子ども性を大切に

当たり前が秘めた不思議

毎日小学生新聞主催の「親子で学ぶ作文教室」をはじめ、多くの小学生たちを前に作文の話をさせてもらっています。一般的なアドバイスより力をこめて必ず口にする一言は、「当たり前のことは書かないでください」です。

当たり前は当たり前。

今さら書いても仕方ないでしょう。といったことに続けて、こう強調します。

でも、当たり前と思っていたことに、ふと疑問を持ったり、当たり前と思っていたことの裏側に潜んでいた不思議を発見したりすれば、それはもはや当たり前ではありません。みんなが当たり前だと思っていたことだから、なおさら興味を引くのです。

その続きでこんな一例を挙げます。お皿の上の料理は「いただきます」と声を掛けて、ありがたく口へ運ぶのに、食べ残された料理はそのままゴミ箱へ入ってゴミとなる。唾も口の外に放出されると汚物になる。

芥川賞作家の川上未映子さんの『世界クッキー』に所収の「境目が気になって」と題したエッセイにそんなことが書かれています。ふだん疑問にも思わない事柄を見事にえぐって物の本質について考えさせる話に仕立てています。

そのほか、紙に印刷された言葉から情景など「言葉でないもの」が立ち現れる読書の不思議さ（「空想書店」）、オムツでいつでも好きなときにしていた排泄を抑制しなくてはいけない時期を迎えること（「燃える顔、そして失われたお尻」）、教育や仕事で「個性を大事に」と言いながらも、生きたいように生きている人に対して「変わってる」「おかしい」と陰口をたたく社会（「個性」）

など、当たり前が秘めた不思議にこだわるヒントにあふれています。
その点を踏まえて作文教室で子どもたちによく取り組んでもらうのは、二〇一四年に一〇四歳で亡くなられた詩人まど・みちおさんの詩「おならはえらい」です。

おならは　えらい
でてきた　とき
きちんと　あいさつ　する
（中略）
せかいじゅうの
どこの
だれにでも
わかることばで……

まどさんが七十代半ばだった一九八五年の作品です。そうきましたか！　とぼくは感動したものです。

この詩に倣って作文教室ではよく「○○はえらい」に挑戦してもらいますが、○○は何でもＯＫですと言うと、子どもたちは生き生きして原稿用紙に向かいます。なかには「できました！」と元気な声で手を挙げる子もいるほどです。

そういう姿を見て思うのです。作文をはじめ文章を書くのは嫌いだって言う子が多いけれど、楽しんでやれるもの、自分でも笑えるもの、読んだらみんなが笑ってくれそうなもの、要は受けるものなら書いて発表すること自体に喜びを感じるのではなかろうか、と。

「親子で学ぶ作文教室」を定期的に開催するにあたって、事前のゼミナールで、子どもたちに「○○はえらい」を書いてもらいました。次のような作品がありました。ぼくは「いいところに気づいているね。当たり前に思いがちなことを改めて見つめ考える。そして気づく。みんなの○○はえらいからは、そんな流れが読み取れます」と感想を述べると、子どもたちも笑顔で応えてくれました。

ボールはえらい（小学六年）

ボールはえらい
けられても投げられても
たたかれても
さけび声一つ言わないで
ただ、だまっている

マネキンはえらい（小学五年）

おみせの前で
好きじゃない服着せられても
気取ったポーズで
毎日を過ごしていく
マネキンはえらい

月はえらい（小学四年）

私たちが見ている月は
反面しかない
でも本当はうらもある

うらを見せなくても
月にはみ力がある
とみんなに分からせる力がある
そこがえらい
本当にえらい

地面はえらい（小学六年）

じゅうきや戦車にふまれてもびくともせず、いたいとも言わない。
さらに地雷をうめこまれ爆発して地面に穴が空いても土や石を使ってしゅうふくする。
つまりどんなことをされてもしゅうふくし粘りづよくただ地球や生物を支えて

いる。

そんな地面はえらいとぼくは思う。

まどさんの詩にも当たり前のことに疑問を抱き、それを詩作のきっかけにしたと思われる作品がたくさんあります。例えば子どもたちも書いていた「ボール」はこんな詩です。

どこが　おなかで
どこが　せなかか
あててごらん
（中略）
あんまり　まんまるすぎて
ボールの　やつめ

どこが　どこだか

ほんとは　じぶんでも

わからなく　なってるのと

ちがうかなぁ

大人もドキリの「子ども性」

まどさんの「おならは えらい」に倣って子どもたちが書いた詩を見て、ぼくはつくづく思いました。まどさんと子どもたちが通じ合う回路に「子ども性」がある、と。何か感覚の糸で仲良く結ばれているようですよね。

子どもは「子ども性」も何も子どもなのですが、といって妙に大人びた子どももいれば、あまりにも子どもっぽすぎる子どももいます。その両方はちょっとおくとして、「childness」は大人もドキリとするような子どもならではの感受性があってのものです。

これは詩人のみなさんが自らも身につけたいと願っていることでもあります。谷川俊太郎氏と和合亮一氏の対談本『にほんごの話』で谷川氏はこう話しています。

詩を書くときには、僕はchildnessを開放して書くことが多いんです特に子どもが読者の場合には。

「子どもの感性」という言葉自体が、大人の失ったものを表わしているわけでしょう。子どもはある意味では大人より鋭いし、豊かだってことはあるんですよね。

さて、お父さんお母さん、子どもがドキッとした言葉を口にした時、どうされていますか。聞き流す。聞き返す。対応は分かれるでしょうが、子どもの言葉に寄り添うことが大切なんですね。

東京都練馬区の主婦田崎文子《あやこ》さんに絵本『にんげんのお花は？』と題した作品があります。長女のあずささん（現高校一年生）が二歳のころから口にした言葉でハッとさせられた数々を、いつも勤務先の夫にメールで報告していたそうです。

夫は感心して「子どもの時しか出さない言葉だから書き留めておけば」と提案しました。それらの言葉に文子さんが色とりどりの和紙で作ったちぎり絵をつけ、絵本に仕上げたのです。

それらの中にこんな言葉があります。

「どうしてきゅうりのお花はきいろいのに、きゅうりはみどりなの？」

「だって、なすはむらさきで、なすのお花もむらさきだよね」

あずささんの疑問は野菜や果物全体に広がって、ある日、文子さんにこう言いました。

「それじゃあ、おかあさん、にんげんのお花は？」

文子さんはこう答えました。

「えがお」

あずささんも少し考えて「さんせい」と笑顔で答えたそうです。絵本はあずささんのこんな言葉で終わっています。

「みてみておかあさん、あずさのお花がさいたよ」

絵はあずささんの花のような笑顔です。

子どもの発する言葉には、一般に使われている言葉に左右されない自然な感覚が息づいているものです。そういう一言を耳にした時は、親子でその言葉について思ういろいろを話し合うのも、やがて子どもの作文力につながるのではないでしょうか。

2. 心に正直な作文を

「私」と人、物、自然との関係

例えば「友だち」という題で作文の宿題が出されたとします。当然みなさんは題に即して友だちの何を書こうかと考え、思い悩んだりするでしょうね。作文は題には関係なく、常にもう一つのテーマを持っています。それはいかに自分自身をそこに描くかということです。

ですから「友だち」という作文でも、友だちとの関係を通して自身を表現することが求められているんですね。作文はあくまで自己表現ですから。そのあたりのことについて、村上春樹氏はデビュー作『風の歌を聴け』で架空の作家の言葉を借りてこう書いています。

文章をかくという作業は、とりもなおさず自分と自分をとりまく事物との距離を確認することである。必要なものは感性ではなく、も、の、さ、し、だ。

ぼくは自分を取り巻く周囲の事や状況について①人、②物、③自然との関係を書けばいいと思っています。

世代を超えて歌いつがれているイルカさんのフォークソング「なごり雪」は、伊勢正三さんの作詞、作曲でかぐや姫の楽曲として一九七四年にリリースされ、翌年イルカさんがカバーして大ヒットしました。この歌はちゃんと人・物・自然が描かれています。

人＝駅のホームで君を見送るぼく

物＝時計を気にしているうちに動き始めた汽車
自然＝春に舞う季節はずれの雪

自分を取り巻く情景とともに、おのずと自分自身のありようはもちろん、心の奥のほうの表現まで可能になるんですね。文章術の重要ポイントとして頭に入れておいてください。

ここではぼくが以前、文章や出版文化を教えていた武蔵野女子大学（現・武蔵野大学）の学生K・Sさんの「夏の帰り道」と題した作文を紹介しておきましょう。

その日はいつも通りの夕方だった。ずっと晴れが続いていた頃だったせいか夕陽が綺麗に見えた覚えがある。しかしそれよりもただ暑かったという記憶が残っていた。

学校から帰る道の途中に少しだけ寄り道をしようと友達と二人で公園に足を運んだ。だからといって特に何かすることもなく、普段と違うオレンジ色のすべり台を見つめたり、ブランコが風でキィキィと音を立てているのを静かに見守っていただけだった。

しゃべる話題を探してみても学校でみんなといるときに一緒に騒いだ内容しか思いつかなかった。相手も別に今のこの状況を不満に感じているようにも見えなかったので彼女が歩く後を二、三歩遅れて素直についていく。

この感じが好きだな、と思った。いつもはあわてていて何かを話していなければ人といるときに詰まる息をごまかせない気がしていた。けれど今は空気の中をふわふわと歩いているだけで落ち着く。

知らなかったなぁ、なんにもしないでいるのが安心することもあるんだなぁ、なんて発見をした。

暗くなってから少しして帰る、という提案が出された。もうちょっと歩いていたい気もしたけれどわがままは言えない。

それじゃあ、と別れて背を向けた彼女に
「明日も晴れるといいね」

と一声だけ伝えた。なんとなく言っただけだったのに彼女は驚いてみせてから、ありがとうと言って嬉しそうに笑った。

私には今の何がいいのか分からない。けれどもう追いかけて理由を聞く気にはなれなかった。明日はもしかしたら彼女にとって特別な日なのかもしれない。

結局その次の日は晴れた。いつも通りにただ暑い一日だった。それなのに前の日とは同じ夕陽のようには感じられなかった。


シチュエーションが言葉を紡ぎだし、人と人とをつないでいくということがあります。「伝える／伝わる」ことにおいて風景や情景が持そのような力には人の力を超えたものがあり、非常に影響の大きいものです。

「私」と人、物、自然の関係が何気ない感じで描き出され、そこから「私自身」の思いや「友だち」とのほどのいい関係がそこはかとなく伝わってきます。

作文はそういうぐあいにどんな題でも自分を抜きには書けないのですが、周囲との関係を描写することで自分を浮かび上がらせることができるのですね。

作り事と事実

一方で、よく問題になるのが、書いていることの虚実、つまり作り事と事実です。小説は虚偽はなしでも虚構はありでしょう。虚構こそ、腕の見せどころかもしれません。

でも作文はどうでしょうか。ぼくは長年ジャーナリストの世界に身を置いてきましたから、虚を暴く事実を集め、真実あるいは事の本質を明らかにしようと努めてきました。

作文はそういう記事とも違って、自分を見つめ、また周囲にも目をやりながら綴《つづ》っていくものです。その限りにおいて虚に書かないですむ多くの事実を体験を通して表現すべきものでしょう。

まして自分が思ってもないことや心にもないことを書いては作文を書く意味すらなくなってしまいます。繰り返しますが、作文は本来、自己表現なのですから。

ですが、こんなことがあるのです。

拙著『つらいことから書いてみようか』でも紹介した話ですが、後輩のAさんは小学五年生のころに「善行」という題で作文を書きました。風呂に入った後、洗面用具などを片付けて出たところ、お父さんに喜ばれた。でも、これからずっとそうするのはしんどいと思い、最後に正直にそう書いたんだそうです。

ところが、先生に「家族を喜ばせることができるのなら、毎日しようと思います」と書き直されたそうです。『つらいことから書いてみようか』を読んだみなさん、いろいろ思うところがあったのでしょうね。たくさんの感想が寄せられました。

「それでは周囲の顔色をうかがう大人になってしまう」と心配する読者や、「大人の目を意識して書いたことを思い出した」と自分の体験を記す読者もいました。学校の先生からは「学校現場の悲しい現実です」とあり、善い行いを身につけてもらうことの難しさにもふれていました。

先生の感想はわからなくもないのですが、こういう作文では一方的に書き直さず、「?」を抱え込んだまま終える手立てだってあるのではないでしょうか。考えたことや思ったことをそのまま書いたことがどう受け止められるか、当の子どもたちは気にしているものです。先生の感想などは一言ももらすまいと真剣に耳を傾けていることでしょう。

意見が分かれて当然の内容の作文であれば、なおさら書き手の子どもは気にしているはずです。先生のみならず親も感想を述べる際は、子どもに寄り添い胸中をうかがい、書いた真意を知るように努めるべきです。二項対立のAかB

かではなく、結論はその間のグレーゾーンの中で、さらに書いた当人に考えてもらうという指導法もあるように思われます。

正宗白鳥（一八七九〜一九六二）といえば自然主義文学の代表的作家です。日本の近代批評を確立した小林秀雄氏が「一〇〇人に一人」とその天分をたたえたほどです。

小林氏が正宗氏を語ってよく「花より団子」という随筆を紹介しています。正宗氏は「花見の記」という課題の作文でこう書いて出しています。

桜の花を楽むよりも団子でも食べたいと思いながら筆を執っていると、桜の花が団子のように見えだした。団子が串《くし》に差されて立っているのが満開の桜の形か。私はそう思い出すと、それが面白くなった。（中略）団子が咲いた咲いたと書いた。

氏が団子を食べたいと思うまでのいきさつも書かれているのですが、省略しました。というのもここでは先生の対応に注目してほしいと思ったからです。何と黙っていい点をつけてくれたというのです。

何を書いているんだ、と叱られていたらどうだったでしょうか。せっかくの天分が生かされなかったかもしれません。

余談になりますが、川上未映子さんは「私は桜を愛している」と書くほど桜が大好きなのですが、酔っ払って夜桜の道を歩いている時、花のつぼみを食べたとエッセーに書いています。

さてここでコンビニ店員たちの日常を描いた『コンビニ人間』で第一五五回芥川賞に輝いた村田沙耶香さんが、母校の二松學舍大学附属柏高校（千葉県柏市）入学時の文集に寄せた作文「理想」を掲載しておきます。毎日新聞朝刊（千葉）からの引用です。

理想

私が小学校のころから私なりに考え続けてきた、「理想の自分」というものがある。それは今の私からはほど遠い自分である。だが、私は完璧な自分を求めているわけではない。むしろ山ほど欠点がある位でいい。ただ、芯に一本私の理想の人間性が備っていればいいのだ。けれどむずかしいのはそこなのだ。うわべの性格と違って人間性というものはそう簡単に変えられはしない。だから私は、今でも理想の自分になれずにいる。

理想の私は、もっとあたりまえに人に優しくなければならない。人に優しくしようと思ってから優しい言動をするのではなく、あたりまえに行った言動が、よく考えると優しいものだったというものでないといけない。そのためには現実を率直にとらえる強さがなくてはならないと思う。強くあるには自分に自信が必要だが、私はさっぱり自信がない。

私の理想とは自然体で生きることである。そしてその自然体は別に欠点だらけでいい。だがその欠点を認める強さと、それをカバーする優しさがほしい。
今の私は理想をかかげてふらふらするだけのどうしようもない人間かもしれないが、いつか理想の自分に行きつけたらいいと思う。そしてそのために自分に自信がほしい。自分の自信がもてるくらい、しっかりした確かな何かをこの高校生活のうちで手に入れたいと思う。

『コンビニ人間』は異物排除のマニュアルにたけたコンビニで働く店員を通して、現代に生きる人間の姿を描き出した私小説風の作品です。何よりも正直に生きている主人公に興味を覚えますが、その原型が「理想」にうかがえるように思われます。

決まり文句と社会通念

ところで「子どもは正直だ」という決まり文句があります。これってどうでしょうか。正直に書いてくださいと言っているぼくが疑問に思うのも変かもしれませんが、子どもだって嘘もつくでしょ。

ぼくに言わせれば、「子どもは正直だ」は「スポーツマンはさわやかだ」などと同じ一種の社会通念です。社会通念はありふれた一つの見方ですから、文章を書く際は影響されないようにしてください。

といって先述のとおり嘘を書いていいというのではありません。一応こう考えてみてはどうでしょうか。

何の差し障りもなく書くことができるなら体験したことをそのまま書く。自分以外の他者が登場する文章なら、それなりの気づかいが求められることもあるでしょうから、その時は言葉を選んでください。

実際の体験そのままの事実が写真だとするなら、ぼくらはそのうえで必要、不要の判断をする。つまり、そのまま写し取った写真ではなく、絵を描くつもりで取り組む。それなら虚偽、つまり嘘にはならないわけで、テーマに即して素材を選択して書けば、より意味合いのはっきりした真実が描き出されるのではないでしょうか。

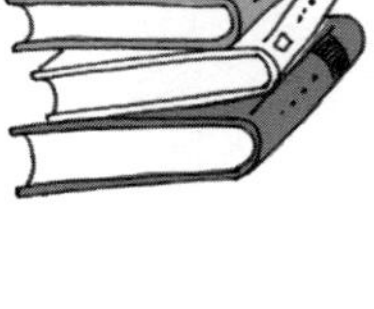

3．ユーモアの力を生かそう

格好つけすぎの自意識過剰

正直に書く。このことを力説しつつ、一方で気になっていることがあります。作文は自己表現だとすでに言いました。

でも、自己を客観的に見る視点がないと、自己表現がつい過剰になり、読んでいても面白くないんですね。格好つけすぎの作文もけっこうあるんです。

早稲田大学での文章表現の授業では、変に気取るな、たかが人間、飾り立てないで裸の自分をさらけだせばいいんだ、とまで言ってきました。

自意識過剰の作文はちっとも面白くないし、読んでいてもうんざりします。

芥川賞作家の村田喜代子さんの『縦横無尽の文章レッスン』で「良いと思っているのは自分だけ」とこんな文例が引き合いに出されています。

この空間に愛する女性が永遠に現れないことを僕は悲哀の内に認識しなければならなかった。

こういう文章は観念用語を好んで使う若い学生に多い、と村田さんは指摘していますが、まったく同感です。当人はいいと思って書いているのでしょうが、読まされている方は何とオーバーで格好つけすぎという印象しかありません。文例でいえば、悲哀という言葉ですね。悲しい、哀しい。ま、そうなんでしょうが、だからこそ「悲」とか「哀」とかという文字に頼らず、「悲哀の内」の「内」を読者にわかるように表現する。例えば胸の内を事物に託す、つまり事物をして語らしめる手法ですね。

俳句の入門書に「寂しさ」の表現例として、こんな一句が紹介されていました。

クリスマス　たった一つのグラスかな

一方、正直に書いていて、そこに自分を客観視して見せ、何ともおかしみのある文章に出合うと感じ入って読みふけります。そんな作文を一編紹介しておきましょう。早稲田大学で授業を始めた最初の年の受講生M・Mさんです。

一五〇センチの壁

わたしは小さい。性格的にも小さい人間だとは思うがそれ以上に物理的に小さい。
中学のころから体育の授業から部活、生徒会の選挙に至るまで小さくて損をしたエピソードは数知れない。とはいえ一五〇センチはあると自負していたのだが、この春健康診断で測ったら一四九・五センチ。がっかりである。低身長界には一五〇センチの壁が存在しており、そこを越えるのは十両と幕内くらい格が違うのだ。

服も靴もそこらで売っているのではブカブカ。ぴったりサイズも探せばあるが、もれなく万札が軽く吹っ飛ぶ（材料費は少ないのになんであんなに高いのか。需要曲線の正確さには心底感心する）。

だが小さいが故の最大の問題は、第一印象でとにかくなめられるのである。もう四年ほどバイトで塾講師をやっているが、最近の中学生の体格は無駄に良いようで、三年ともなると、思いっきり見下ろされることも多い。負けじと気が強いのと声がでかいのを活用して大きく見せるテクニックを日々磨いてきた。まったくハリネズミのようである。

一事が万事そんな感じで、たとえばむかし付き合っていた男の子に頭をなでられてもいちいち逃げたり怒ったりしていた気がする。ほんとうはいやじゃなかったのに。

だけどそろそろ四六時中毛針を逆立てていられるほどの気力も体力もなくなってきたようだ。たまには針をたたむことも覚えないといつか誰からもなでてはもらえなくなるんじゃないかと焦りのような感覚にふと襲われることがある。

もっとも条件反射になっているものを直すのは難しい。おっかなびっくり針をしまおうとしては失敗。最近はそのくり返し。

今日もわたしは満員電車でおっさんたちの背中にもまれて窒息しそうになっている。

自分を客体化したおかしみ

ぼくとしては「おっさん」は「おじさん」と直したいところですが、「身長一五〇センチ」の壁はともかく、いくつかあるであろう文章の壁の一つや二つは確実に突破できています。自分を客体化したおかしみ、つまりユーモアのたまものですね。

ついでながら丸谷才一氏は文章上達法として小説家の随筆に学べとおっしゃっていました。『日本語相談　二』に次の五点を列記しています。

①目のつけ所が個性的である
②話の進め方が奔放で独断と偏見に満ちているが、しかし言われてみればそうだなーという気がする
③堅苦しい言葉を使ってなく、ざっくばらんに書いてある
④イメージを上手に使う
⑤冗談を言う。それもかなりきつい冗談を言う

この章の最初に子ども性にふれましたが、ある小学校で開いた作文教室で、例によってまど・みちおさんの詩「おならはえらい」に倣って「○○はえら

い」を書いてもらったところ、「オラはえらい」というユーモラスな詩がありました。

オラは詩を書くのがきらいだ
でも書いている
オラはえらい
オラは宿題するのがきらいだ
でもちゃんとやってる
オラは朝早く起きて学校にいくのはきらいだ
でもちゃんと学校に行ってる
オラはえらい

「おなら」の「な」抜きで、「オラ」ときて、本心を言いつつ「えらい」につないでいる。意表を突いた表現とともに自分を客観的にとらえているユーモアに感心しました。

ふと小林秀雄氏のこんな言葉を思い出しました。

「子どもが大人の考えている程子どもでないのは、大人が子どもの考えている程大人でないのと同様である」

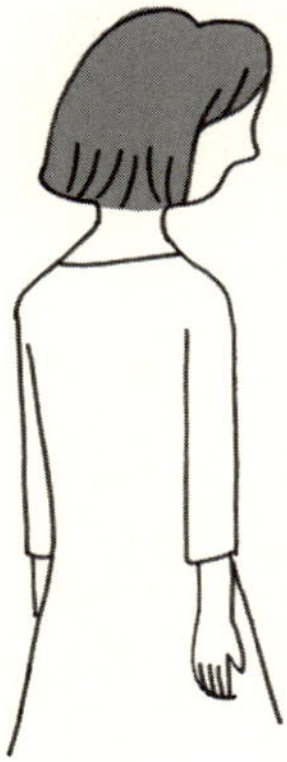

親への伝言板 2

東大推薦入試も「書く」を求める

大学受験は二〇二〇年までに「書く」に重きを置くように変わっていくそうです。ＩＴだ、ロボットだ、ＡＩ（人工知能）だと言っても、組織の中で一番貴重な存在は文章が書ける人だと経済誌にありました。

確かに企画力があっても文章で表せないと、どうにもならない。メールやパソコンは伝達手段としてはいいけれど、やはり話し言葉ではなく、書き言葉の文章が書けないとその手段も生きません。

単なる用件のメールは話し言葉の域を出ません。そればかりか書き言葉までついつい雑になってしまいます。数学や科学も大切ですが書く力を侮っちゃいけないということに文科省も大学も気がついたのでしょう。

何年か前、ニューズウィーク誌で知ったことですが、アメリカの医学部では作文が重要視されているそうです。医療は人の生死にかかわります。医師の一言は患者には重く響く。患者に寄り添う医療を学ぶには相手の身になって考えて書く作文だ、となったのですね。

東京大学は二〇一六年度に初めて推薦入試を導入しました。提出書類には志望動機や卒業後の自己の将来像などを書くことが求められます。しかも、経験を踏まえて書かねばならないのです。受験秀才ではなく、特定分野に秀でた能力や意欲を持った個性的な学生を増やすことがねらいのようですよ。そのことを「書く力」とともに見定めているのではないでしょうか。

第3章

文章は体験と気づく力の産物

1．まずは体験

「思う」ことより「思い出す」こと

作文でとくに強調したいのは次の三点です。①体験、②気づき、③普遍性。まず①体験について述べたいと思います。

作文教室でみんなによく聞かれるのは「書くことが思いつかないんです。何を書けばいいいんですか」です。小、中学生では断然その質問が多く、大学でも同様です。どんな答えが返ってくるのか、急いでメモの用意をする学生もいるほどです。

ぼくは逆に尋ねてみるのです。

「作文の題が『秋』だとすると、みんなは秋、う〜ん……となる。でも、寂しいなあと思うぐらい。それで、うんうんうなることになるんだね」

うなずいている顔を見て、ぼくは言います。

「秋について、どう思うか、ではなく、どんなことを思い出すか、と頭を働かせたらどうだろう。大学祭にしろ、紅葉狩りにしろ、体験は記憶されているから、思い出すことなら記憶にそって書けるんじゃないかな」

毎日小学生新聞の「親子で学ぶ作文教室」では、参加した二十人の子どもたちが次の質問にどう答えるか大いに興味がありました。

「夏と聞いて思うことは」

「暑い」「かき氷」とか、ほかにも「花火」などの声も聞こえてきました。

そこで質問を変えました。

「夏と聞いて思い出すことは」

「海へ行った」

「北海道旅行へ行った」

子どもたちからは具体的な答えが返ってきました。ぼくは大きくうなずいて言葉を続けました。

「ほら、書きやすい具体的なことが浮かんできたよね。またそれが自分にしか書けないことなんだ」

作文では「思ったことを書けばいい」といったことがよく言われます。しかし思ったことというのは心の中だから、目には見えません。

それに比べ体験したことは、具体的な事柄として目に浮かんでくるから書きやすいのです。そのうえで、その体験をどう思うか、と心に問うてみる。楽しいと思ったのなら、楽しさが読む人に伝わるようにその時の状況を描写する。つらいと思ったのなら、そのつらさがわかるように描けばいいのです。

母校の愛媛県新居浜市立大生院《おおじょういん》中学校に招かれて作文教室を開いた際は、「思う」ことより「思い出す」ことに言い添えて「つらいと思ったこと」を生徒たちに書いてもらいました。メモ書きする程度の時間しかなかったのですが、けっこういい内容の文章が集まりました。

そのうちの一つ、大学の授業で学生たちに紹介した中学三年女子の作品をここでも引用しておきましょう。


母とけんかをした。それからというもの、母はしばらく口をきいてくれなくなった。

一緒にご飯を食べている時も、お笑い番組を見ている時も、二人とも、黙ったままだ。いつもなら家族の笑い声が聞こえてくるのだが、なぜか今日は静まりかえっている。

ただ、テレビから笑い声が聞こえるだけだ。


この作文のいいところは「つらい」という言葉を一つも使わず、思い浮かぶ実際の光景を描いて、「つらい」という気持ちを描き出していることです。体験に即して書いているから、そのように書けたのですね。

誰だって体験を抜きにすっと書けるものではありません。そこで出された題を念頭に、思うことより思い出すことは……、と記憶をたどる。そして体験したことを報告するつもりで文章を作るのです。作文はそこから始まるのではないでしょうか。

その体験ですが、脳と心の関係を探究している茂木健一郎さんによると、創造性というのは「体験×意欲」なのだそうです。以前ラジオ番組でご一緒した時にうかがったもので、体験を積んだ年長者の場合は意欲が問題です、とも話していました。

遺伝子の研究で知られる筑波大学名誉教授の村上和雄先生は、新しいことに挑戦した体験は眠れる遺伝子を目覚めさせる可能性がある、とよくおっしゃっています。これなども体験と意欲に通じる話でしょう。

「体験が体験だけに終わるオレ」といった川柳がありますが、そう詠むことじたいに体験は生きているわけですね。

観察力と感じる心を

②の気づきは体験と切り離せません。ほとんど一連の行為にあると思われます。

この本で最も重視しているテーマですので、あとで記述しますが、とりあえず①と②をつなぐ観察力と感じる心の関係にふれておきたいと思います。

これも大学の授業でのことですが、学生たちに教室の窓から見える一本の老いたケヤキを描写してもらったことがあります。うらうらと晴れた秋の一日だったせいか、学生の多くが冬の訪れを前に黄ばんできた木の葉が日を浴びているさまにふれていました。ですが、それではやはりありふれているというか、何か類型的なんですね。

そんな中で中国の女子留学生一人だけがこういう趣旨のことを書いていて心に残りました。

ケヤキの枝が何カ所も切断されているのを見て、自分も成長のためには削り落とさなければならないものがあるのだろうかと思った。

学生たちは頭の中の言葉での一般的な説明や報告調の文章は書き慣れていますす。でも、心に感じ取ったことを自分の感覚で具体的に書く描写は苦手とみえ、風景描写のコツなどを聞かれることがよくあります。

この答えは難しい。言いよどむことしばしばでしたが、ケヤキについての留学生の文章に接して以降は、その内容を紹介しつつ、「愛をもって見つめることですね」と答えています。

心は愛をもって眺めることで、生き生きと動き出す。そして何かを感じ取ると、おのずと言葉が生まれる。描写の写は、心が写し取ったものというのがぼくの理解です。

学生たちには「愛をもって」を「誰かを好きになったとしよう」と言い換えて話したほうがわかりやすいようですね。好きになったその時からその人のすべてに熱いまなざしを注ぐ。

耳は耳でその人のひと声も聞きもらすまいとする。一方で体にふれたいという思いも募るし、匂いだって嗅ぎたい。言うに言われぬ思いと言ったりするが、心の内に真実を伴った詩が生まれてくるんですね。

ただし、です。ここでとくに強調しておきますが、感じる心が生んだ詩はいったん冷ましてほしいのです。甘美な世界ではなく、現実の世界を書くのが作文ですから。

2. 例えば「新緑」という題なら

気づく力＝作文力

いよいよこの本が「考える」とともに最大のテーマとする「気づき」についてです。それまで意になかったことに自分からふと思いが及んだり、新たな発見をしたりすることを「気づく」と言います。その気づくという動詞を名詞化したのが「気づき」です。

辞書でしっかり認められている言葉ではないのですが、ネット上では「脳がひらめくコミュニケーションスキル」などとあって、「ビジネスの世界では『気づき』が大切と言います」などと書き込まれています。

ビジネスの世界でのことは想像するほかないのですが、文章の上では気づきがないと始まらないというか、あまりにも当たり前の内容になってしまうのではないでしょうか。とりわけ作文は体験して何に気づくか、言ってみれば気づく力＝作文力であり、文章は体験と気づく力の産物なのです。

作文教室に参加した子どもたちには、まず最初に毎日小学生新聞の編集長の引率で毎日新聞社内を見学してもらいました。以下、列記しているのは、子どもたちがその際どんなことに気づいたかのメモの一部です。

・編集部の人は、目が悪い人が多かった。編集部は、ごちゃごちゃしていて、ゴミだけは、ゴミ箱に入っていた。
・しんぶんは何回も見なおして、まちがえているところを直して作っていた。
・人の手や機械で何回も、見直して新聞ができていることをはじめて気がついた。みんなからのおたよりは3年間もためていることが気がつきました。

・ずっとつくえに向かっている。だから、まじめだなと思った。けれど、自動はんばいきがあって、食べたりのんだりしている人もいたから、リラックスも大事だと思った。
・おくられてきたハガキはしゅるいごとにわけてある。写真もいろいろな国からきていた。
・日よう日のものを、土よう日につくる。仕事中にねている人がいた。きじをつくるへやは、きたないせいりせいとんのできていないへやがあった。
・新聞の内ようは記者がしゅ材にいくんだと思っていましたが、新聞社を見学して、パソコンや本をつかって書いていました。

こちらが想像するだけですが、見学した子どもたちはメモに記したようなことを家族や友だちに話したのではないでしょうか。そうなんです。気づいたことというのは、人間の中にある表現欲とつながっていて、誰かに言いたい、何かに書きたいといった気持ちにさせるものなんです。

ちょうど作文を書く必要があるとか、あるいはブログをやっているとか、友だちにメールを打つとか、そういう折りにでも気づきは他者への貴重な情報となっていることでしょう。

感想文が書けるか

ぼくは仕事柄文章に関するいろいろな本を読んで勉強させてもらっています。本棚に、付せんをいっぱい貼った『井上ひさしと141人の仲間たちの作文教室』（文学の蔵編）があります。本を開くと赤線を引いた箇所が何カ所も出てきますが、その中に自分なりにずっと考えてきたテーマがあります。

井上氏は「落ち葉を見てどう思いますか」というのは、大人でも無理な注文で、子どもには「落ち葉はどう落ちていくんですか」ということを書かせるべきだ、とおっしゃっているところです。つまり「どう思うか」という感想文ではなく、「どう見ているか」という観察文とか、描写文を書かせるようにというわけです。

ぼくが落ち葉について当たり前に思うところは、寒々とした感じに漂う寂しさや孤独感とか、晩年の心境を重ねての人生への感慨といったところです。そう自分で思ってみると、なるほど大ざっぱな感想であっても、子どもに書かせるのは無理かなという気がします。

一方で、それならこんな指導はどうだろうと思ってみたりもするのです。折からの「新緑」をテーマにする。まずは子どもの目にその新緑がどう見えたかの観察文を書かせる。

続いて記憶にある秋の落ち葉と比べてどんな印象を受けるかとか、どちらが身近に感じられるかとか、あれこれ考えてもらい、感想へと導いていく。要は思考力を伴う物事の比較対照に頼る指導法です。

以前、ある小学校で作文教室を開いた際、どっちが好きかのテーマになると、子どもたちは思うところを言い合って大いに盛り上がりました。その時のテーマはサッカーと野球とか、犬と猫といった身近なものでしたから、同じレベルでは論じられません。

ただそれも、こちらの聞き方や質問の工夫で案外子どもらしい感想が返ってくるかもしれません。

「新緑と落ち葉を人間の年齢で言ってみてください」

「新緑って希望に燃えてる感じだけど、みんなも希望、持ってるよね」

あるいは若葉や落ち葉に話しかけるなら、どんな言葉になるのだろうかというのも一案かもしれません。

印象に残る感想文

さてそれで、子どもたちの作文がどうなるか。親子で学ぶ作文教室で実際にトライしてみました。

とりあえず「新緑」という四〇〇字の作文を宿題に出し、例えば秋から冬にかけての落ち葉と比べたり、人間でたとえれば新緑や落ち葉はどんな年齢になるのだろうか、そんなことを想像したりするのもいいかもしれないよ、と述べておきました。そしてお父さん、お母さんにはこんな手紙を書きました。

お父さん、お母さんへ

宿題の「新緑」の作文は大人でも難しいテーマです。新緑の青々とした色合いや吹く風に目をこらし、耳をすませての観察文と、明るくみずみずしい初夏の木々に何を感じたかの感想文をあわせて四〇〇字以内に書いてほしいというのがこちらのお願いです。見たまま、聞いたままの観察文より、心で受けとめた感想文のほうがより難しいと思われます。

締め切りに間に合わない場合は、次回の教室でどういうところが書きづらかったなど、聞かせていただければ幸いです。

翌月の作文教室にはほぼ全員となる二十人の子どもたちから作文が提出され、ちょっと感激しました。内容については期待する反面、やはり難しいかなと案じもしていたのですが、何と全作品にこちらが意図したことが結びなどに書かれていたのです。ぼくがそのくだりを読み上げるつど、お父さんやお母さんから感心したような声が上がったり、面白いたとえには笑い声がもれたりしていました。

作文の中から印象に残った感想文の文例を部分引用してぼくの感想と一緒に列記しておきます。

「新緑をみて感じたこと」　　　渡邊仁朗さん（小学二年）

新緑の意味を知りませんでした。辞書で調べてみたら、初夏のみずみずしい緑と書かれていました。
——正直に書いているところがいい。「においが手につき、ベタベタします」。五感の表現もよかったよ。

「新緑の人生」　及川みどりさん（小学三年）
光が葉っぱにあたってべつの所にとんでいくところを見て、葉っぱは自然のかがみと言えると思います。
——すごいタイトルだなあ。結びの「葉っぱは自然のかがみ」という表現がいいなあ。

「短い命」　原田地大《ちひろ》さん（小学四年）
いちょうのわか葉をながめていたら、ぼくの人生もあっという間なのかもしれないと思った。

――読んでみたくなるタイトルです。キミの人生はあっという間ではないから大丈夫だ（笑い）。「日の光をいっぱいあびて、せい長したい」。いい表現です。

「赤ちゃんの葉っぱは大きくなるよ」　仁和麗子さん（小学四年）

赤ちゃんの手は、プニュプニュとやわらかくて、ホアーンとあたたかいにおいがします。

――これもタイトルにひかれるね。「プニュプニュ」「ホアーン」といった擬態（音）語が非常によい。大人でもなかなか思いつかない表現だ。

「新緑と友達」　栗田大輝さん（小学四年）

でも、あと春の道の新緑をみながら、学校へいけるのは、2回だけで、少しさみしいけど……。

――一年生、二年生、三年生……と学年を追っていく話の進め方が上手。成長にしたがって気持ちのありようが変わったことがわかります。

「新緑」　　　河島志道さん（小学四年）

でも人間だって同じです。生まれて80くらいたてば死んでしまう。

——若葉と落ち葉の比較がいい。キミなりの表現が多く出てくる。身にしみて読ませていただきました。

「新緑」　　　長田明さん（小学四年）

一番ピカピカしている葉っぱは目立ちます。これから元気になるぞっという感じがしてきます。

——表現がなんとも正直。「春は花見、夏はプール、秋はさんま」という箇所は……さんま？　と思うけれど、花見、プールときていても、秋は紅葉より食べるさんまだ、と思ったからさんま。そこが正直でいい。作文は、正直に書くということが一番大切です。

「きずつけないで」

北畠《きたばたけ》瑠菜さん（小学四年）

木を育てる事は大変な事だし、一生けん命生きているので、きずつけないでほしいです。

——ストレートに願いを託した愛情、思いにあふれた作文でした。

「小石川後楽園での発見」

佐藤楽《がく》さん（小学四年）

ところで『後楽』が楽しいことは後回しという意味だ、と父に教わった。

——末尾で「ところで」ときたから、何かと思った。面白い。これにはどんな意味があるんだろう？　そういえばキミの名前は「楽」だけれど、何かそこにつながっているのだろうか。

小林朔久《さくひさ》さん（小学五年）

「新緑」

人を観て『この人はこう接すると喜ぶ』と良く考えれば人間関係もよくなると思う。

――木の葉を食べる幼虫の観察を書き、「人間のことにもつながると思う」とも書いている。こういう作文を読むと、世の中の大人はどうなんだろうと考えさせられます。

藤井雄也さん（小学五年）

「新緑」

ぼくにとっては、あまり面白くない季節だ。それは、山に入って虫とりをしようとしても、まだ虫が出てきていない。

――新緑の季節がいいと思ってテーマにしました。こう書かれると、気になって読みたくなる。勝手に決めるな、という思いが伝わってくる作文で、勉強になります（笑い）。

「木のように」　川島那月さん（小学五年）
学校のプールのじゅ業がとにかくこわく、顔をつけることができなかった」
「今思えば、それも新緑の芽を出そうと一生けん命力をためている時の木と同じ、自分なのかもしれないと思った。
――なるほど！　と思うことが多い作文です。プールの体験と新緑が重なることに気づき、上手に書いている。自分と重ねて書くということが大事なんですね。

「新緑」　阪口統悟さん（小学五年）
来年もその次の年も、また若い葉を見られると思うと、ボクは元気な気持ちになれる。
――ずっと木と一緒と感じられる最後の文章、上手なオチだなあ。

「新緑について」

山本琉輝さん（小学五年）

その後、また新緑と枯れ葉を人間にたとえてみました。新緑は、十代～二十代くらいの若い人で枯れ葉は、七十代～八十代ぐらいの人だと思います。

——人間にたとえてみる。ＯＫですね。

「新緑」

藤田千花《ちはな》さん（小学五年）

新緑はこのようにたくさんの良いところがありました。リラックスしたい時はこの季節がオススメです。

——「リラックス」という言葉が出てきたのは唯一この作品だけ。新緑が果たす役割には、「リラックス」という言葉はぴったりだ。上手に書くなあと思いました。

「新緑」　　　宮本萌玖《めぐ》さん（小学五年）

ただそこにある木も、そのように改めて見ると、木ってすごいと感心します。それなら、私はどうなんだろう。木のように、だれかの助けになる存在に、今もこれからもなれたら、大きく成長できる気がします。

――「改めて見ると」という部分がいい。「気づくことは学ぶこと」ということが表されている。すごく大事なことを言っているよね。

「きらきら光る」　　　永井恵真さん（小学五年）

風にゆらされ、サラサラという音をたてる。ザワザワではなく、もっとやさしい音だった。これも新緑の力だ。

――擬音語が特徴的だ。大人はこのような表現から遠ざかっています。心に感じたこういう書き方、いいなぁ。

「新緑」

青木侑良《ゆら》さん（小学六年）

目を閉じると緑がきらきらと輝き、自分の気分も輝くように感じることがある。

――自然と一体になって作文を書いている。いい表現で感心した。五分間目を閉じるだけで、ふだんは聞こえないいろいろな音が聞こえたり、気づいたりしますよね。

「楽園の不思議な力」

鈴木光《こう》さん（小学六年）

そこは新緑でおおいつくされ、まるで生きている力が集まっている楽園のようだった。（中略）私は新緑にはしっかりと力があることを信じたい。

――読み終えて、生命力をもらった感じです。タイトルからして気合いが入っている。最後を「力」でしめている。いいね。

「新緑の中の生活で」

北畠《きたばたけ》優斗さん（小学六年）

ぼくは、新緑の中で生活したい。なぜならば空気がきれいだし暑い夏も葉のひかげですずみながら休けい出来るからだ。

――生きている私たちにとって緑の必要性を感じさせる作文です。そこがいいよね。

「当たり前」のありがたさ

これらの新緑についての作文の紹介のあと、一つだけ不満を言いました。以下はその時の子どもたちとのやりとりの再現です。

――「新緑」の作文は、気づいたことや感想がよく書けていました。人間には、「視る」「聴く」「触る」など五つの感覚があります。みんなの作文にも、目にしたことや耳にしたことが書いてあったね。でも、新緑の中で耳を澄ませば聞こえるある「声」については一人も書いていない。

何だかわかるかな。

みんな　鳥の鳴き声。

――　そう、ＯＫ。鳥の鳴き声はきれいです。新緑をめでるように鳴いています。なぜ書かなかったのかな。

みんな　聞こえないほど周りがうるさかった。

――　そうか、他には。

みんな　当たり前過ぎて書かなかった。

――　そうかー。でも作家の吉本ばななさんは、エッセイ「鳥の意味」（『イヤシノウタ』所収）で次のように書いています。「鳥は世界をその声で清めるために存在しているのだ」と気づき、「鳥たちが毎日絶え間なく清めているから、世界は美しいのだと。だから鳥が鳴いてくれているときは、ありがとうと思うようになった」。

当たり前の鳥の声が、実はありがたいことだ、と吉本さんは気づいたんですね。

ぼくらは当たり前のありがたさを忘れてしまっているだけです。太陽が昇るおかげで暖かいし、フトンが干せることも幸せなぬくもりを与えてくれる。作文は疑問を持つことでずっとよくなります、と念を押すと、うなずく子、わかったという顔をする子がほとんどでした。

なお、五感については第４章で詳述いたします。

3. 気づきを得る秘訣

どうすれば気づくか

文章は自分とかかわる一切合財を受け止めてくれます。これほど大らかに度量のあるものが他にあるでしょうか。しかも、です。文章は紙と鉛筆さえあれば書けるのですから。

すでに何度もふれていますが、思いもよらないことを見たり耳にしたりの体験で得た気づきを書きたい！　と思うのは、言葉を持つ人間的な欲求です。人間の欲望の中でも表現欲は食欲、睡眠欲などと並んで最上級のものだと言われています。

さて、どうすれば気づくことができるか。ぼくなりに次の五つに分けてその手立てを考えてみました。

①「あ」と思わず声を上げたような体験
②細部に目を向けてわかった本質や真実
③何かのきっかけから思いが及んだこと
④他と比べて「そうか、そういうことなんだ」と思い知ったこと
⑤時の経過とともに実感できたこと

①では、夏目漱石の『虞美人草』に出てくる言葉が思い出されます。「あっと驚く時、始めて生きているなと気が付く」、あるいは「驚くうちは楽《たのしみ》があるもんだ」――気づくということは生きているという感覚ばかりか生き甲斐にもつながるというわけです。自分に対する発見の驚きを糸口に書き出して

みませんか。

また人は感動を覚えると、「ああ」とか「おお」とか母音を発するものです。なかんずく感動詞には母音の中でも「ああ」「あれ」「まあ」「おや」「あ」「あら」……と「あ」が多いです。

選抜高校野球大会の大会歌「今ありて」を作詞した阿久悠氏は、高校野球を「『あ』のもの」と表現していました。球児たちのひたむきの一投一打に「ああ」という感動を呼び起こさずにはおれません。

甲子園は春も夏も試合が始まるとたちまちにして「あ」の世界に突入です。終われば終わったで「ああ甲子園……」です。

その点では「あ」体験はそこに時間の経過を伴うこともあり、文章を書くうえではとっておきの素材です。脳科学者によれば感動は長期記憶の特等席に存在して一生忘れないそうですから、いつでも引き出せるわけです。

女性初の国会議員になった加藤シズエさんのモットーは「一日十回の感動」

でしたが、彼女の対談集『加藤シズエの遺言』にはこんなことも書かれています。

例えば、道端でちょっと見たときに、コンクリートの垣根の間の、そこにちょっと土が入っているところ、そこにちいちゃな野の花が咲いている。「まあ、こんな窮屈なところでも種がこぼれると、ここから花が咲くのか。可愛い花だな～」と思って、その小さな花を見てまた感動するんでございますね。

こういうものを深～く感じるということは、ただ見て「ああ、きれいだな」とか、「ああ、嫌だな」とか思うのと違うらしいんでございます。

たがいに今を生きていることを気づく心とでも言いましょう。加藤さんの視線は人間的な愛にあふれていたのでしょうね。

②の細部の本質や真実では、ぜひジョージ・オーウェルの一九三〇年代のエッセー『絞首刑』を紹介しておきたいと思います。

警察官としてオーウェルがイギリスの植民地ビルマに赴いた時の体験に基づいた作品です。絞首刑に立ち会った「私」の目からインド人の死刑囚が雑草の庭に設けられた絞首台に連行される場面が描かれています。

インド人特有の、決して膝をまっすぐ伸ばさない足どりで跳ねるように進んで行く。ひと足ごとに、筋肉がきれいに動き、一摑みの頭髪が踊り、濡れた小石の上に彼の足跡がついた。そして一度、衛兵に両肩をつかまれているというのに、彼は途中の水たまりをかるく脇へよけたのだ。

数分後に処刑される男が水たまりをよけた。その細部の真実をオーウェルは見て取って、こう続けています。

妙なことだがその瞬間まで、わたしには意識のある一人の健康な人間を殺すというのがどういうことなのか、わかっていなかったのだ。だが、その囚人が水たまりを脇へよけたとき、わたしはまだ盛りにある一つの生命を絶つことの深い意味、言葉では言いつくせない誤りに気がついたのだった。

寺田寅彦の「塵の世に清きものあり白菜哉」や「粟一粒秋三界を蔵しけり」の句にうかがえるように細部にズームインして、全体の本質、ひいては真実をとらえられるよう努めたいものです。

③「何かのきっかけから」は、何よりも次の文章が気づきを明示しています。安岡章太郎氏のエッセー『愛犬物語』です。十五年間ともに過ごした紀州犬コンタが本当に死んだと実感したのは雪の夜のことでした。

あれから一と月、私はまだコンタの死んだのが本当のことだと思えない。遺体を庭の片隅に埋め、家内が花と水をそなえてやっているが、私は何となくコンタはOさんのところへでも預けてあるのだという気がしてならなかった。それが、きょうの雪のふる庭を見ているうちに、なぜかコンタの死が実感としてやってきた。雪はボタン雪にちかい大粒のもので、それが絶え間なく音もなしに白くなった庭の上に降りつもって行くのを眺めていると、そこに仔犬の頃のコンタが転げまわって遊んでいる姿が眼にうつり、すると年老いたコンタの死んだことがハッキリとわかってきた。それは淋しいとか悲しいとかいうものではなく、何とも名づけようのないムナシサであった。もし私に詩才があれば、そういう心持を詩に託することが出来よう。しかし私には、その才能もない。ただ、先輩の抒情詩人を口真似して、次のようにつぶやいてみるだけだ。

コンタの庭にコンタを眠らせ

コンタの上に雪ふりつもる……

失ったという悲しみは現実と幻想のあわいからにじみ出てくるものでしょう。犬は人間にとって永遠の子どもであることに気づかされるのも雪の夜というきっかけからですね。

日々を振り返ると、喜びも悲しみもちょっとしたきっかけで蘇ってくる。そのことが月を経て、何か新しい感情をわきおこさせる。そんな気づき、みなさんもおありじゃないですか。

④の「他と比べて」では、周囲に目をやったり、どこかへ出かけたりの日々の生活でも気づくことが少なからずあるものです。比べればいろんな違いがわかり、逆によく似た性質を持っているんだといったことにも気づかせてくれます。要は対立的な事物を照らし合わせて比較対象として見れば、さまざまなこ

とに気づくことができるのです。
大阪の川柳結社「番傘」を率いて近代川柳の発展に尽くした岸本水府にこんな句があります。

ぬぎすててうちが一番よいといふ

川柳という文芸も要は気づきなのです。これについては、さらに後述したいと思っています。

⑤の「時の経過とともに」では、年月を感じ取ってもらおうと年配の人の体験談を、と思っていたところ、児童文学者のあまんきみこさんが毎日新聞の夕刊「人生は夕方から楽しくなる」で「70を過ぎたら、見えるのは人生の夕焼けだけ。でもね、80代になっても『初体験』ってあるのよ」とこんな話しをしていました。

父方の祖母は１０３歳で亡くなる前、「長生きをすると別れが多くなるのがつらいのよ」とよく言ってました。その時は私、ふんふんと聞いていたけど、あの時、頭で分かったつもりになってた言葉が今は体で分かるのよ。本当にそうだなって。……若い頃の初体験はまったく知らないことを知ること。年を重ねた人の初体験は、言葉に身体的な喜びや悲しみが寄り添うことじゃないかしら。

比喩も気づき

このほか、「〇〇のようだ」というたとえなども、AはBのようだ、というわけですから、気づきの一種になるでしょうね。比喩表現を学ぶうえで大いに役立ちそうなのは村上春樹氏です。とりあえず『色彩を持たない多崎つくると、彼の巡礼の年』という作品から選んでみました。

・そのときなら生死を隔てる敷居をまたぐのは、生卵ひとつ呑むより簡単なことだったのに。

・「でもそのときの僕らには、それがすごく大事なことに思えたんだ。（略）風の中でマッチの火を消さないみたいに」

・「ありがとう」と彼女は言って、それからページの端に小さな書体で脚注を添えるみたいに、「またそのうちに、あなたと会える機会があるかもしれないけど」と付け加えた。

・ボーイはにっこりして、賢い猫のようにそっと部屋を出て行った。

・花屋はまだ店を開けており、そこには色とりどりの夏の花が並んでいた。夜というものを忘れてしまったかのように。

ちなみに村上氏の作品でぼくのお気に入りは次のような比喩です。いくつか挙げておきます。感じ取った内なる気づきを表現に生かす手法を学んでください。

・「大学でスペイン語を教えています」と彼は言った。「砂漠に水を撒くような仕事です」（『1973年のピンボール』）
・彼は最初に五分の一秒くらいちらっと僕を見たが、僕の存在はそれっきり忘れられた。まるで玄関マットを見るときのような目付きだった。（『ダンス・ダンス・ダンス』）
・「私、あなたのしゃべり方すごく好きよ。きれいに壁土を塗ってるみたいで」（『ノルウェイの森』）
・秋の太陽の下でそれはキラキラと光るカフェ・オ・レの放水路のように見えた。（『羊をめぐる冒険』）
・「あなたってときどきものすごくやさしくなれるのね。クリスマスと夏休みと生まれたての仔犬がいっしょになったみたいに」（『スプートニクの恋人』）
・「文章に文体があるように、彼がかけてくる電話は独特なベルの鳴り方をする」（『1Q84 BOOK1』）

以上、各種作品を紹介しつつ気づきを得るヒントを明らかにしてきましたが、ぜひ身につけてほしいのは気づいたらすぐにメモを取るということです。覚えておいて後でなんて思う自分を信用してはなりません。スマホならすぐメモが可能でしょうし、いつもメモ帳を入れておくというのも大事な心遣《こころづか》いです。

気づきは言ってみれば脳のひらめきです。それはこちらの都合など待ってはくれません。何か突発的に意識の上に現れることもよくあります。自分の中で是非論などの問答を行ったり、視点を変えてみたりするなどの工夫も気づくうえでは大切なことです。

そうそう大事なことを忘れていました。気づくということでは、思い込みが強いとか、理詰めで考えがちだとか、自分自身の悪い癖も入ります。独りよがりの作文や理屈っぽい文章など読んでいても面白くないですよね。念のために付記しておきます。

4. 句と詩に学ぶ

川柳に学ぶ気づき

改めて言うまでもないことでしょうが、書いたものに何らかの気づきがないと作品としての価値が問われることになるでしょう。「よくある話だ」「新味に乏しい」などといった反応が予想されるからです。

ぼくはＭＢＳラジオの川柳番組「しあわせの五・七・五」やＴＢＳラジオの情報番組「荒川強啓 デイ・キャッチ！」の時事川柳のほか、毎日新聞（大阪）朝刊での「近藤流健康川柳」の選者を務めています。そんな縁で子ども川柳などにも力を入れてきました。

よく川柳と俳句の違いを聞かれますが、夏目漱石の門下生でユーモアのある随筆などで多くの読者を魅了した内田百閒（一八八九〜一九七一）はこうおっしゃっています。

「俳句には境涯というものがあって、そこを覗かせればいいんだが、川柳というやつは生活の割れ目から飛び出して来る。飛び出しっちまえばそれはもう自前で生きていて、作者が誰だかそんなことは問題にすることもいらなくなる」

加えて、こうも。

「川柳は俳句より八百倍むずかしい」

八〇〇倍？　嘘八百と言いますから、真に受けていいかどうかはともかく、「生活の割れ目からとびだして来る」が川柳というのは、俳句の自然風詠に対し、とことん人間風詠です。ちなみにこの本で取り上げてきた「気づき」と川柳がこだわる人間の暮らしぶりがどう関係しているのかチェックしてみましょう。

ここでは『全日本川柳２０１５年千葉大会作品集』掲載のジュニア部門「ス

タート」「えんぴつ」より引いてみました。

ねいちゃんきれい今日から社会人（中学一年）
人よりも自分に勝つぞぜったいに（小学四年）
ヨーイどん今日の自分をおっかける（小学五年）
えん筆も母や父とかいるのかな（小学六年）
えんぴつは気持ちがこもるだから好き（中学二年）
えんぴつとけしごむまるで父と母（小学五年）

（作者名省略）

いかがですか。それぞれに気づきがありますが、①〜⑤、あるいは比喩表現のどれにあてはまるか、みなさんで考えてみてください。そうすることで気づきというのはそういうことか、と実際の作品で学ぶことができます。

ちなみに大人の作品は「近藤流健康川柳」から次の句を選んでみました。これも同様に、どんな気づきがあるか、考えてください。内田百閒の「うまい川柳ほど作者が忘れられる」の名言にそって、作者名は省略します。

私には見せぬ笑顔を犬に向け
無口でも居ると居ないで大違い
抱き上げた事もあったと妻を見る

川柳は人間と生活が中心

俳句にもふれようと思ったのですが、内田百閒の言に甘えて川柳に大きく気持ちが傾いてしまいました。そこでといっては何ですが、二年前の秋、東京都内の小学校で川柳教室を開いた際に、子どもたちはふだん俳句を勉強していたせいでしょうか、人間と生活中心の川柳より自然や人生を詠んだ俳句のような作品がけっこうありました。例えば――。

夜の道まっ黒そまりしずかだな

ぼくは「川柳にして夜道に人間が出てくるようにしてみましょう」と次のように直しました。

夜の道まっ黒そまり急ぎ足

ついでながら毎日小学生新聞の「親子で学ぶ作文教室」の一回目に、「ヨーイどん今日の自分をおっかける」をボードに大きく書きました。

先に紹介の「スタート」の句に出てくる一句です。「みんなも今日からヨーイどんだ」と言い添えての文章教室をスタートした日のことが思い出されます。

さて、その「親子で学ぶ作文教室」でも川柳を勉強してもらいました。

後日頂いた実際の作品の一部は毎日小学生新聞（二〇一六年九月九日付）に掲載し、ぼくの一言感想も添えました。

渡邊仁朗さん（小学二年）
　発表会えがおのすがたを見せたいな
――笑顔を見せたいと思うのも気づいたことですね。

及川みどりさん（小学三年）
　きゅうりの葉ねっちゅうしょうでかさみたい
――観察力ＯＫ！

河島志道さん（小学四年）
　カブトムシ力のかぎりもちあげる
――力感が伝わってきます。
　つゆの時期なにして遊ぶ？　家の中
――そうだね。何をして遊べば……、これも気づきといえば気づきかな。
仁和麗子さん（小学四年）
　入道雲ママよりやさしゴロピカドン
――ママはどう言うだろうね。
宮本萌玖《めぐ》さん（小学五年）
　つばめの子親待ち留守番初夏の空
――いろいろ目にとめているんだね。

藤田千花《ちはな》さん（小学五年）
雨の日にはすの葉っぱが水はじく
――はすの葉っぱは雨がさになるんですよね。

永井恵真さん（小学五年）
そよそよとふうりんのよう木の緑
――ふと浮かんだ感覚ですね。

小林朔久《さくひさ》さん（小学五年）
あけないでグリーンカーテンあとちょっと
――グリーンカーテンの役割が描けてますよね。
てらしてる自分の未来を太陽が

――そうか、太陽が未来なんだ。

山本琉輝さん（小学五年）
　北風にサラサラゆれる葉のマント

――マントにたとえたところが、あなたなりの「気づき」なんですね。
身のまわり今日も僕らを見つめてる

――異なる視線が生きてるね。

北畠《きたばたけ》優斗さん（小学六年）
　会うたびにつらく悲しいせみと鳴く

――せみの鳴き声はいろいろ感じさせるよね。

ついでながら、ぼく自身と川柳との出合いも同じ日の新聞に書いています。ここに再録しておきます。

川柳や詩も気づき

子どもの頃、父と風呂に入っていた時のことです。父の周辺の湯がぶくぶくと音を立てている。おやと思いましたが、すぐにピンときました。父がおならをしたのです。父は素知らぬ顔でつぶやきました。

「おならして熱いと風呂をかきまわし」

そして、こう付け加えました。「気づいたら、何でもすぐに言葉に引っつける。川柳はそういうもんなんや」

父は川柳の同人誌に入っていました。自分の句が掲載されると、うれしそうでしたが、ぼくが覚えているのはおならの句だけです。

後年、日本には誰かが上の句（五七五）を詠むと、また誰かが下の句（七七）を詠む連歌の歴史があり、江戸時代に庶民の間に大きく広がった連歌から俳句と川柳が生まれたと知りました。その時、父の言う「引っつける」とはこのことかと思ったものです。（中略）

今ぼくは毎日新聞（大阪）の「近藤流健康川柳」の選者をやっています。健康の面で初めて知ったことや発見したこと、つまり気づいたことを詠んでいる句に良い点をつけています。気づきが大切なのは、作文も同じです。それでみなさんに川柳の宿題を出したのです。気づきネタの句はやっぱり面白いですね。一句が作文上達の一歩になればいいなあと思っています。

詩の気づきは、まど・みちおさんの作品ですでに勉強しましたが、ここでは谷川俊太郎さんの「ほほえみ」という詩を紹介しておきましょう。

ほほえむことができぬから／青空は雲を浮べる／ほほえむことができぬから／
木は風にそよぐ（略）

この詩には人も登場します。結びはこんな言葉です。

ほほえむことができるから／ほほえみで人をあざむく

「ほほえむ」ということを通しての気づきですね。
谷川さんには「平和」と題した詩がありますが、その一節はこうです。

それは花ではなく／花を育てる土／平和／それは歌ではなく／生きた唇

ほんの一部の紹介しかできませんが、谷川さんの詩はあらゆる視点から物事をとらえ、本当に気づきにあふれています。詩集を開いて味わってください。
そして詩の世界ならではの気づきを学んでください。

親への伝言板 3

メモときらりと光る一文

ぼくは気づいたことはすぐメモし、箱にどんどん入れています。たまに見直して、不要だと思ったメモは捨てます。

これはぼくからのお願いです。お子さんが気づいたことをお父さんやお母さんに話したら、「メモを取っておいたら」と声を掛けてあげてください。そうするだけで何か気づいたら書きたいと思う子になっていくんです。

文章の中に気づいたこととともにきらりと光る一文があれば、とにかく読み手は魅せられるものです。子どもの場合、きらりと光る一文といってもそれは大人が書くものとは違いますが、本当に気がついて、自分でそうだと思って書いている一文は、花丸をあげてほしいのです。

そこから子どもは「ああ、こうやって書けばいいんだな」と思い、文章が変わってきますから。きらりと光る一文というのは、気づきと連動しているんですね。

第4章

五感と身体感覚をフルに生かそう

1.「五感対話」のすすめ

見たことは？　聞いたことは？

夏休みの日記の宿題などで、子どもが書きあぐねている様子を見て、親がよく言います。

「思ったことを書けばいいのよ」

これはいいアドバイスではありません。思ったことは胸の中にあることで、形を持っていません。書きづらいのです。

日記などは昨日、今日の話ですから、見たまま、聞いたままの感覚で書けるアドバイスをすべきでしょう。その際に役立つのが五官（目、耳、鼻、皮膚、舌）と五感（視、聴、嗅、触、味）の活用です。

つまり見たこと、聞いたこと、嗅いだこと、触れたこと、味わったことを聞いてみるわけです。

子どもはプールで遊んできたことだって、ボール遊びをしたことだって、五感にそって聞くと必ず答えは返ってきます。「五感対話」ですね。「ほぉ」と感心するように言ったり、「どうして?」と疑問を投げかけたりすると、子どもはちゃんと聞いてくれていると思って、ますます話にのってくるものです。

さて、その時ですが、子どもの感受性が生んだ言葉に大人は大人の言葉で直そうとしたりしてはいけません。子どもの言葉は音声のコミュニケーションを身につけて片言を言い出し、やがてそれなりに意味がわかったうえで言葉を口にするようになる幼児からの過程を経てのものなのです。

そこが大人には思いもよらない子ども言葉の興味深いところでして、例えば、子ども川柳でセミの鳴く声をこう表現している作品がありました。

「無理無理無理」

あるいは滝の落ちる水の音をこう詠んでいる子もいました。

「うそやうそや」

その子には滝音がそう聞こえたんでしょうね。大人には自分の感覚をどうチェックしても浮かんでこない擬音ではないでしょうか。

川の流れる音に「さらさら」はつきものですが、豊島ミホさんの『神田川デイズ』には「きゃらきゃらと笑い声のように聞こえている」とありました。こういう感覚を大人の子ども性と受け止め、詩人のみなさんは感嘆するんですね。

2．身体感覚とオノマトペ

生身の人間の持つ言葉

先に少し紹介したように、自然の音を人間が区別できる音（声）でとらえたのが擬音（擬声）語です。例えば「雷がゴロゴロ」はそれに当たります。音をたてないものをいかにもそれらしく表す言葉が擬態語です。例えば「日がかんかん照っている」などの表現ですね。

これらをまとめてオノマトペと言いますが、用い方はけっこう注意を要します。社会部で若い記者は暴力団の抗争が起きると「パン。乾いた銃声がした」とよく書いていました。「パンじゃかえって迫力がないよ」と削除したものです。

「ザザザ」の波音など、すでに読み手にわかりきった表現はかえって文章を安っぽくします。擬音・擬態語は使わないほうがより印象的に伝わることもあると心してください。手垢のついた音の表現より音を想像させる書き方が伝わるということです。

日本語には体の各器官の感覚反応や動きを伴った言葉がいろいろあります。例えば腹なら、「腹に据えかねる」「腹の皮がよじれる」、口なら「口が滑る」「口が曲がる」といった具合で、挙げていけばきりがありません。

ほしくてほしくてたまらない時の「喉から手が出る」といった言葉などは、身体感覚と欲望が一体化して、実に人間らしい表現です。その語感とともに肉体の体験がどうかかわってこういう言葉になったのだろう、と思わずにはいられません。

またこれらの言葉が「口をついて出る」じゃないですが、すべて内臓の最先端部に当たる口から発せられているんですね。言葉のそもそもを考えるうえでは興味深いことです。

子ども言葉の説明の際、少しふれましたが、ぼくらが口にする言語は、幼児期の「アーア」「ウーウ」といった音（声）から始まり、そのうち「ワンワン」「ブーブ」と擬音化される経過をたどります。頭の働きがどの段階で言語に影響をもたらしているのかはともかく、そんな幼児語もやがては目や耳など内臓系と離れた外の器官の働きを得て、言葉数を増やしていったのでしょう。

そう考えると、詩人の多くが身体感覚に根差すオノマトペにこだわっているのも、人間存在のそもそもに迫ろうとしてのことと理解できます。詩人の谷川俊太郎氏と和合亮一氏の対談本『にほんごの話』では、意味以前の言葉や肉体の奥底からわいてくる言葉について、るる語られています。谷川氏はこんな話もしています。

詩を作るときには「何を書く」というのを頭から追い出さないと駄目だ、というふうに思っています。だから、左脳をシャットダウンしてしまう。もっと脳よりも下、丹田《たんでん》で考える感じかな。

頭を空っぽにして、言葉がぽろっと出てくるのを待つというわけです。生身の人間の持つ言葉のリアリティーにいかに執着しているか見習いたいものですね。

３．肉声が消えていく社会で心がけたいこと

耳を澄まそう

五感を豊かにといえば、昔の唱歌「朧月夜《おぼろづきよ》」をご存知ですか。

菜の花畠に　入日薄れ　見わたす山の端　霞ふかし　春風そよふく　空をみれば　夕月かかりて　におい淡し

こういう歌を昔の子どもたちは当たり前に歌っていたのです。ほかの唱歌や童謡、例えば「春の小川」でも「こいのぼり」でも、本当に五感が歌詞に息づ

いています。

それが今やどうでしょう。何かの折りに昔の唱歌などを耳にすると、思えば遠くへ来たもんだ、とそんな感慨にとらわれます。

そして今日、ぼくたちの周辺から生身の人間の声、肉声が次々と消えています。病院へ電話したって、受付はすべて音声テープの指示が返ってくると、容態の説明もできません。ＡＴＭ、自動販売機……肉声で言葉を交わさなくなると、当然人間のコミュニケーション能力は低下するでしょう。

一方で、メール、ゲーム、インターネット……こういう現実はもはや批評したり批判したって始まらないところまできています。それらが人間の社会全般に機能しているのですから。

そうだとすると。ぼくらはどう対応すればいいのでしょう。五感、人間が持って生まれた五感を意識的に働かせるということが必要でしょうね。すでにふれた「五感対話」は人間本来のコミュニケーションを取り戻すうえで有効だと思われます。

ところでみなさん、五分間目を閉じてみませんか。場所は、そうですねえ、内外を問わず、自分のお気に入りのスポットなら苦にならず、五分が過ぎていくのではないでしょうか。

実は大学でも時々やっていたんです。五分間だけ目を閉じて、耳を澄ましてみよう。風の音を聴いたり、まわりの匂いを嗅いだりしてみてください。目を閉じているぶん、他の五感の働きがよりよく実感できますよ。

武蔵野女子大学（当時）での授業では、五分間の感想も書いて提出してもらいました。他の本でも紹介していますが、この本にも載せておきたいと思います。

・自分の体の鼓動。「生きてるんだなぁ」と不思議な感覚だった。目を開けると、まぶしさや窓の外の木の緑が増えたことを感じた。

・私はふだんから視覚に頼り過ぎていることがよくわかった。窓の外から聞こえてきた笑い声やチャイムの音、自分の髪が頬に触れる感触、教室のいろいろな人のまざったにおい……目を閉じてみると、ふだん意識していない感覚やいろいろなものが、私の体を構成していることがわかった。

・目を閉じていたときはふだん耳を傾けないような音（上の階でだれかが歩く音とか遠くで聞こえる車の音とか）がどんどん耳に入ってきてそれらが全部頭の中で混ざり合って、奥歯でアルミホイルを嚙むような嫌な気分になりました。目を開けたらいつもより空が綺麗に見えてびっくりしました。

・頬にかかる髪。少し動いただけで衣ずれの音。遠くの廊下でひびく足音。音だけでその人の性別、歩く速さや様子が浮かんでくる。時々、風が吹いた。顔を上げると光の方向がわかった。まぶたの裏にいろいろな色。

・指のすきまに風が通る。ずっと集中すると脳が下におりてくる。

犬は散歩に出れば耳を立てます。人間もよく似ているんです。五感の働きを通して得た瞬間瞬間の情報に快感を得たり、喜びを得たり、そして元気を頂いたりしているんですね。

海辺を二人で歩いたとしましょう。恋人でも友人でもいいのですが、並んで歩いていると波の音が聞こえてきます。

海風が潮の香りを運んできます。踏みしめる砂の感触……たがいの五感が受け止めたものをたがいが共有する。すると気持ちまで共有できるんですね。

光、空気、音……それがどこであれ二人には五感の記憶がずっと残るでしょう。

同じシチュエーションの中で同じ思いを共有する二人――。時間と空間を共にする共時間性、共空間性は人間ならではのものです。願わくは、そういう際はスマホを手放して自然の中に身を置いてほしいものですね。

親への伝言板 4

抱きしめる

芥川龍之介の作品に『トロッコ』という短編があります。トロッコを押していったはいいが、突然一人で帰るように言われて、夕闇の中、長い道のりを家まで走り続けて帰る。その心細さを描いた作品です。

闇から出られるのか。不安な思いで帰ってきた時に抱きしめてくれる人がいるのかいないのか。ある意味で人生の帰り道とダブらせて書いているのだと思います。

抱きしめるということは、めったにあることではありません。でも、人間の記憶の中で「触」(触れる、触る、スキンシップ)は永遠性があります。叱る時に頭をたたいたりすると、それは子どもにずっとに残ります。

一緒に何かをして「やったー」と抱きしめたり、握手したりすることも同様です。

言葉と一緒に触れるということに永遠性があるんです。いいことをした時に頭をなでてやる、抱きしめてやる。子どもが作文を書きあげた時、抱きしめて、ほめてやる。それで十分、作文力のアップにつながります。

子どもの方もそんなひと時が待っていると思える。

帰り道があるお子さんは必ず伸びます。

第5章

伝わってこその文章

1．知っておきたい文章の約束事

段落や間、読点に注意を払う

昨今は、パソコンを打って手で書くのと同じ内容の作業をできる人のほうが多いかもしれませんね。削除や並べ替えにしたって、パソコンのほうが原稿用紙に書くよりずっと機能的で効率がいい。そのぶん考えられる時間もできるでしょう。

それはそれとして、ここでは原稿用紙の書き方について学んでおきましょう。そのほうが文章の段落や間、読点といったことに注意が払え、それらの点は作文を書くうえでも極めて大切なことだからです。

原稿用紙の由来ははっきりしませんが、二〇字×二〇行の四〇〇字詰め原稿用紙は明治時代の中頃以降に普及しました。文章の作法や書き方のルールを踏まえて作成されているので、広く使われだしたのでしょう。

一般に作文などは題名を最初の一行目の上方に、名前は二行目の下方に書きます。続けて本文は三行目の一番上の一枡を空けて、つまり「一字下げ」で書き始めるのが書き方の約束事です。

原稿を書くうえで常に気に留めておいてほしいのは、ひとまとまりの内容の区切りとなる段落です。文章は、書くべきことに一段落ついたところで次の新しい段落へと移っていきます。

その際は読み手にもその意図がわかるよう「改行」し、「一字下げ」で書き始めます。こういう書き方にともない、おのずとできる枡目の余白は、読みやすいとかわかりやすいといった感じを読む人にもたらすことができるのです。

他の約束事は句点「。」、読点「、」、括弧「()」、さらには感嘆符「！」、疑問符「?」などの記号はすべて一枡分を使います。ただしこれらの記号が行の頭に来るのは避けてください。

枡目の流れにそって文章を読んでいて、次の行の頭に「。」や「、」、「!」、「?」が来ては読む気持ちにちょっとブレーキがかかりますよね。ですから、それらの記号は行の下からはみ出す欄外に書いてください。

これすべて読みやすい文章を心がけようということでの基本的なルールです。そう考えると、段落のひとまとまりも長々と続けるより、数行でまとめたいですよね。

ぼくはこう考えています。人体は頭、顔、胴体といったぐあいに分けられますが、顔全体を書いたところで段落の切れ目とするよりも、その顔の中の目、鼻、口それぞれで一つのまとまりとみるわけです。目を書いて、ひとまとまりの内容が終わると次の鼻へと移るというぐあいです。

改行が少ない文章というのはびっしりと詰まった感じがして圧迫感すら覚え、

は一字下げの改行が多くてもいいのではないでしょうか。

読点一つで意味が変わる

さて、読みやすい、伝わりやすい文章に読点「、」は欠かせません。しかし、むやみに点を打つのはかえって読みづらくさせてしまいます。

読点は、すらすら読めて意味がよくわかるように打たれていればいいわけです。書き手それぞれに考え方があり、癖もあるでしょうが、どうしても欠かせないという読点はそれほど多くはありません。

例えば「昨日は雨が降っていたが今日はいい天気だ」といった文章ですと、「昨日は雨が降っていたが」のところで文は切れますから読点が入るのが望ましいです。

「私は倒れたまま泣いている友達を見ていた」という文章ですと、意味や内容を説明する語句と語句の関係をはっきりさせるための読点が必要です。この場合、二例が考えられます。

その一つは「私は、倒れたまま泣いている友達を見ていた」。もう一つは「私は倒れたまま、泣いている友達を見ていた」です。読点をどこに打つかで意味が変わってきますよね。どちらの意味か、それによって打ち方も変わるわけです。

手元にある『毎日新聞用語集』にのっとって、読点の打ち方の見本を示しておきましょう。ここはみなさんでどこに打つべきかを考えてみませんか。

次の八つの例文にそれぞれ必要と思われる読点を打ってください。

①昨日は暖かかったが今日は随分と冷える。
②金も地位も家もいらない。
③今日こそそばをたべよう。
④彼も喜び私も喜んだ。

⑤その夜あなたはいなかった。
⑥私はそんなことは前にも言ったようにしていない。
⑦私は彼はそんなことはしないと思う。
⑧私は熱心に働く人を探す。

答えは次のとおりです。

①昨日は暖かかったが、今日は随分と冷える。
②金も、地位も、家もいらない。
③今日こそ、そばをたべよう。
④彼も喜び、私も喜んだ。
⑤その夜、あなたはいなかった。
⑥私はそんなことは、前にも言ったように、していない。

⑦私は、彼はそんなことはしないと思う。

⑧A　私は、熱心に働く人を探す。

　B　私は熱心に、働く人を探す。

①は文の切れ目に打つ読点、②は対等に語句を並べる場合に打つ読点、③誤読を避けるために使う読点、④は節と節との間に打つケース、⑤は前置きの節や語句を区切る読点、⑥は挿入された節や語句を区切るため、⑦は主語を明確にするための読点、⑧は修飾する語とされる語の関係を明確にするための読点で二例考えられます。

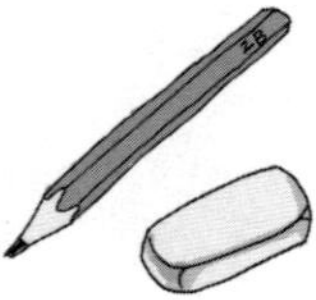

2. 書きたいことの組み立て方

「伝わる」構成

文章をどう順序立てて組み立てるか。形式はいろいろありますが、おすすめは①体験、②気づき、③普遍性と、これから説明する①現在、②過去、③未来の組み合わせです。①の体験から始まる構成についてはすでにふれましたが、さらに具体的に文例で示しておきましょう。

体験といってもえーっと驚くようなものは少なく、むしろ、なんだ、そんなちっちゃなことなのか、といったものがけっこうあります。例えば早稲田大学院での受講生、A子さんの作文は「ランドセル」と題したものでした。

①の体験では、小学生だったこと、放課後に鉄棒をしているとランドセルがなくなっていた。

②の気づきでは、ランドセルなしで下校すると、不自然なので周囲の視線が気になったが、なんだか少し自由になった感じがしてぐんぐん歩けた。

③の普遍性では、このランドセルの代わりに大人たちは学歴だの肩書きだのを背負っているけれど、そんなものを背にして自由にぐんぐん歩けるのだろうか。

といった内容です。

大上段に構えることなく、主義主張を言い張っているわけでもありません。でも共感できるんですね。とくに③です。そうだなーと多くの大人がうなずき、自分の半生をふと振り返る人だっているでしょう。A子さんは今、大手新聞社の記者として活躍していますが、おそらく③については社会人となって実感的に思い、考えるところがあるのではないでしょうか。

個人的に体験したことを取り上げて、それで気づいたことなどを書いたところで終わっても、その作文にふさわしいのならそれでいいのですが、ぼくらは書くことを通して考えます。そして考えることを通して知らなかったことに改めて気づき、さらに調べ、考え、そうして社会とどうかかわっていけばいいのか、自らに問うてもいるわけです。

書いたことが一般に広く通じる内容を持つ、つまり普遍性があれば、そこはぜひ結びとしていかす。表現の場としての作文が社会とつながって意味合いをさらに増すことができるんですね。

もう一つの構成法ですが、①の現在は今の状況（状態）、②の過去はその今の状況をもたらした背景、理由、③の未来はその状況が今後どうなるのか――です。

伝わるとは物事を順序よく書き、話してこそのものです。例えば「気持ちが悪い」と児童の一人が先生に訴える。これは現在ですね。

でもどうして気持ちが悪くなったのか。過去ですね。その説明がないと先生はどうしていいかわかりません。

「日差しの強いところで遊んでいたんです」

児童がそう言うと、先生は水を飲むように言って、さらに「横になりますか」と聞くでしょう。児童が「はい、そうしたいです」と答えると、先生は保健室に連れて行ってくれる。

たいていの物事は現在―過去―未来の順に書けば、伝わりわかってもらえます。

どこに何を書くか

以上、二つの構成法で書けば、文章はＯＫです。よい文章は独自の内容プラス伝わる表現です。そのためにも書く前に文章の構成をどうするかを考え、それぞれ該当する内容をメモ書きして書き始めるのが一番いいのです。

「親子で学ぶ作文教室」でも参考に配布しましたが、女子陸上のパラリンピック選手、佐藤真海さんが二〇二〇年東京オリンピック・パラリンピック招致委員会のプレゼンターとしてＩＯＣ総会の最終プレゼンで行ったスピーチの全文は、文章をどう組み立てるか、どこに何を書くべきか、のよいお手本になるでしょう。

スピーチ全文

会長、そしてＩＯＣ委員の皆様。佐藤真海です。

私がここにいるのは、スポーツによって救われたからです。スポーツは私に人生で大切な価値を教えてくれました。それは、２０２０年東京大会が世界に広めようと決意している価値です。本日は、そのグローバルなビジョンについてご説明いたします。

19歳のときに私の人生は一変しました。私は陸上選手で、水泳もしていました。

また、チアリーダーでもありました。そして、初めて足首に痛みを感じてから、たった数週間のうちに骨肉腫により足を失ってしまいました。もちろん、それは過酷なことで、絶望の淵に沈みました。

でもそれは大学に戻り、陸上に取り組むまでのことでした。私は目標を決め、それを越えることに喜びを感じ、新しい自信が生まれました。

そして何より、私にとって大切なのは、私が持っているものであって、私が失ったものではないということを学びました。

私はアテネと北京のパラリンピック大会に出場しました。スポーツの力に感動させられた私は、恵まれていると感じました。２０１２年ロンドン大会も楽しみにしていました。

しかし、２０１１年３月11日、津波が私の故郷の町を襲いました。６日もの間、私は自分の家族がまだ無事でいるかどうかわかりませんでした。そして家族を見つけ出したとき、自分の個人的な幸せなど、国民の深い悲しみとは比べものにもなりませんでした。

私はいろいろな学校からメッセージを集めて故郷に持ち帰り、私自身の経験を人々に話しました。食糧も持って行きました。ほかのアスリートたちも同じことをしました。私達は一緒になってスポーツ活動を準備して、自信を取り戻すお手伝いをしました。

そのとき初めて、私はスポーツの真の力を目の当たりにしたのです。新たな夢と笑顔を育む力。希望をもたらす力。人々を結びつける力。２００人を超えるアスリートたちが、日本そして世界から、被災地におよそ１０００回も足を運びながら、５万人以上の子どもたちをインスパイアしています。

私達が目にしたものは、かつて日本では見られなかったオリンピックの価値が及ぼす力です。そして、日本が目の当たりにしたのは、これらの貴重な価値、卓越、友情、尊敬が、言葉以上の大きな力をもつということです。

①の現在は、「会長、……」と呼びかけ、「佐藤真海」と名乗って「本日は……」とビジョンの説明に入るまで、②の過去は、「19歳のときに私の人生は一変しました」から「3・11」にふれ「私達は一緒になってスポーツ活動を準備して、自信を取り戻すお手伝いをしました」までです。③の未来は、「私達が目にしたものは」から「言葉以上の大きな力をもつということです」で結ぶまでですね。

しかもこのスピーチ、①体験、②気づき、③普遍性——とも重なっています。そこに思考力が生きています。伝わる文章とはこうありたいものですね。どれがその①②③に当てはまるか、すぐにわかると思いますので読み直してみてください。

ところで、文章の構成では「起承転結」がよく言われます。漢詩から生まれたものですが、作文でも応用されています。

「起」で文章を起こす。つまり書き始め、「承」でその文章を受けて内容を深めます。

でもそれだけでは文章が同じ調子で変化に乏しいので、「転」で内容を変えます。そして「結」で全体をまとめるわけです。

この形式で一番大切なのは「転」です。作文は「誰にも書けない」内容が大切だとすでに説明しましたが、その点でも「転」の内容がポイントになります。

次の児童詩で「起承転結」を理解してください。

ぼくは夕ごはんのとき
おかずをこぼした
父に「よそ見をしているからだ」と叱られた
弟も「そーだ」といった
それから数分後
父もおかずをこぼした

家中「シーン」となった

（織田正吉『笑いとユーモア』より）

「起」は最初の二行、「承」はそれを受けた父、弟それぞれの言葉とともにある文ですね。「転」は数分後、「父もおかずをこぼした」という意外な内容のところですよね。「結」は最後の一行です。

この構成法の勝負どころは「転」です。ふさわしい内容があれば、この形式で書いてみてもいいのではないでしょうか。

3．手直しのポイント

文章を引き立てる間

①「加える」より「削る」

原稿用紙に手書きする際、罫線を引いて作った一つ一つの枡目が持つ意味とともに、文章上の段落の重要性にはすでにふれました。段落は一段落したところで改行になりますから、枡目の余白ができます。

この余白は原稿用紙を「文の庭」とみた場合、和の文化が大切にしてきた間《ま》に当たります。文章の一行一行は筆者の培った土壌から咲いた文の木だと

「序」に代えてで説明しましたが、その一本一本がいきいきとし、かつたがいを引き立てるうえでも間がほしい。実際に間引けば間ができ、一本一本の文の木がより引き立ちます。

というふうに考えますと、手直しというのは主として「削る」、「加える」の二つが中心的な作業ではあるものの、「削る」により力を入れてほしいと思います。間を考えつつ削ってほしいと願うわけです。

②悪い癖のチェック

・文意に不要な接続詞、副詞は削りましょう

原稿を書いていく時、「そして」「しかし」「さらに」「おそらく」といった接続詞や副詞を使うと、書く速度は増します。「散文」は「歩行」にたとえられますが、文章の歩行にスピードをつけてくれるのも接続詞であり、副詞です。

推進力の役割ですね。

でも、書き終えて改めて読み直した時、いろいろ使われている接続詞、副詞の多くがなくてもわかる、というよりいらないことに気づきます。書き終われば、役目も終わる。終われば削る。思い切ってそうすると、文の木はすっくと立ち、かつ原稿用紙の間が読みやすい雰囲気をもたらしてくれます。

間というのは見た目の印象ともかかわりますが、その点で気になるのは接続詞や副詞に難しい漢字が使われたりしていることです。接続詞は「然《しか》し」「但し」「或いは」「且《か》つ」「就いては」など、副詞では「殆《ほとん》ど」「些《いささ》か」「頗《すこぶ》る」「只《ひた》管《すら》」など学生の作文にもけっこうあります。パソコンで打って出てきたままにしているからでしょう。

ただし漢語（漢字二字以上からなる音読みの言葉）は和語ではなく中国語ですから、漢字でなければなりません。国語、平和、人間が「国ご」「平わ」「人げん」となると何かメチャクチャな感を覚えますね。

・言葉の重複を避ける

「いまだ未解決だ」の「いまだ」は「未だ」ですから削ってください。「かならず必要」の「かならず」も「必ず」を削らないと日本語としても問題です。ほかにも「あとで後悔する」の「あとで」も、「連日暑い日が続く」の「連日」もそれぞれいりません。

・「私」を削る

えっ？　と思われる人もいるでしょう。「私は」を多用する癖がぼくらにはあるんですね。でも日本語は主語がなくても通じます。

夏目漱石の『草枕』の「山路を登りながら、こう考えた」に「私は」とあると、何か文章が平凡になり、深みさえ失われるような感があります。自分を指す人称代名詞は削りの対象です。「私」より「私の視点」を大切にしてください。

文末をどうするか

文末の問題は「です、ます」調か、「だ、である」調の混同にあります。統一させるのが一般的ですが、意識的に「だ、である」調に「です、ます」調をほんの少し入れて調子を変え、ユーモアとか皮肉とかを際立たせる書き手もいます。丸谷才一氏の随筆などは、そのお手本でした。

男の風情

ジャイアンツの落合選手が二千本安打の記録を作つたが、打者なら二千本安打が資格である名球会にはいるのは厭だと言つた。するとスワローズの野村監督が、「協調性を欠くし、何かにつけて悪い前例を残す。だれのおかげで野球をやっていると思っているのか」

と評したといふ（毎日新聞）。

名球会といふのはクラブだから、当人が入会したくて、しかも会員たちがその人にその資格ありと認めたときに入会できる。この場合は、第二の条件はきれいに成立したが、第一の条件が整はない。従つて無理なこと。ただそれだけの話だと思ふのに、をかしなことになりました。をかしくて、しかもおもしろい。

どうしておもしろいかといふと、野村さんの非難することが、いちいち、野村さんによく当てはまるからである。あの人は、名捕手であつたし、名監督であつたし、名評論であった。そのことは誰だつて認める。しかし彼は協調性があつたか。

こんなこと、訊くだけ野暮でせうね。みんな、笑ひながら、ありませんでしたねと答へるに決つてゐる。どこへ行つても風波を立てるたちだつたし、またそれが派手だつた。いや、いまでも派手である。別に言ふ必要がちつともないやうな悪口を言つて舌禍事件を起すのは彼の十八番だし、和をもつて尊しとせずに選手といがみあふのが彼の監督術であるらしい。

当然、悪い前例だつて、たくさん残したはずだ。そして、誰のおかげでなんて思はずにただ自分のために野球をやつて来たのが彼の半生ではないか。だからこそ、彼の生き方は光つてゐるのである。

しかし、さうは思つてゐないのだらう。おれは我慢して、言ひたいことも言はずにじつとこらへて来たなあ、なんて思つてゐるにちがひない。その自己誤解が、わたしに言はせると、まことに風情がある。

（丸谷才一『どこ吹く風』より）

といった調子です。

文末では「だ」「だ」「だ」とか、「である」「である」「である」と続くとやはり違和感があります。意識して使う以外は繰り返すべきではないでしょう。

あとは当然のことですが、誤字、脱字に気をつけるほか、誤りやすい表現や慣用句もチェックしてください。「上にも置かぬもてなし」とは言いません。「下にも置かぬもてなし」です。「雪辱を晴らす」ではなく「雪辱する」とか

「雪辱を果たす」です。「晴らす」のは「屈辱」です。

親への伝言板 5

文章語で語ろう

司馬遼太郎さんは常々おっしゃっていました。文章語にして語れ、と。「なによりも国語」というエッセーにはこう書いています。

> ながいセンテンスをきっちり言えるようにならなければ、大人になって、ひとの話もきけず、何をいっているのかもわからず、そのために生涯のつまずきをすることも多い。

生活用語は四、五〇〇語で、その気になれば単語のやりとりだけで過ごすことができるが、そういう場合、その人の精神生活は遠い狩猟・採集の時代と少しも変わらない、と司馬さんは案じていました。

お父さんへ。家での「風呂」「めし」はやめましょう。

お母さんへ。子どもが食事中「水」と言っても、水を持っていってはいけません。

「水がどうしたの？　水はひとりではやってきませんよ」と言ってやってください。

単語のやりとりだけで意思が通じ合う言語環境。一見、便利そうですが、それでは国語力は育たない、とこれも司馬さんの嘆きです。


以上、五章にわたっていろいろ書かせていただきました。

最後に、もう一度、強調しておきたいと思います。

書く子は育つ。

それは作文など書くことによって何よりも考える力が伸びるからです。

作文は「書く子は育つ」何よりの実践です――「あとがき」に代えて

毎日小学生新聞主催のスーパーゼミ「親子で学ぶ作文教室」で、ぼくは「スーパー師匠」と呼ばれていました。毎日新聞では仕事に応じていくつかの肩書きをもらいましたが、なんだか肩書きに鼓舞され、負けずに頑張ろうと思ったのはこれが初めてです。

三回にわたるゼミを通して、どうすればスーパー師匠のスーパーぶりが発揮できるか、ぼくなりに考え、これで行ってみようと思ったのが、思考力と体験で得る気づきをミックスしたメソッドでした。

作文を書く。当然何をどう書くかを考えなければなりません。というより考えないと書けないし、書くためにも考えるわけですが、そういう際に体験——気づきはみなさんの作文を引っ張る大きな力になったのではないでしょうか。

人間は人間として生まれたから人間になるのではありません。学校で学んだ知識はもちろん、毎日の生活体験で得た知恵も人間を育てていくわけです。作文はそれらのことがどれだけ身についているかを考え、自らに問う作業ですから、「書く子は育つ」ということでの何よりの実践になるのです。

最後になりましたが、個々の作品を文例などで使わせてもらった、ゼミ参加の子どもたちに感謝するとともに、この本の刊行に力を尽くしてくれた毎日新聞出版の井上晶子さん、毎日小学生新聞の西村隆編集長、記者の篠口純子さんに深くお礼を申し上げます。

近藤勝重

カバーデザイン　黒岩二三
イラスト　シミキョウ
編集協力　篠口純子
本文デザイン・DTP　明昌堂

著者略歴

近藤勝重（こんどう・かつしげ）

コラムニスト。毎日新聞客員編集委員。早稲田大学政治経済学部卒業後の1969年毎日新聞社に入社。早稲田大学大学院政治学研究科のジャーナリズムコースで「文章表現」を出講中、親交のあった俳優の高倉健氏も聴講。毎日新聞では論説委員、「サンデー毎日」編集長、専門編集委員などを歴任。夕刊に長年、コラム「しあわせのトンボ」を連載中。『書くことが思いつかない人のための文章教室』、『必ず書ける「３つが基本」の文章術』など著書多数。コラムや著書の一部が灘中学校をはじめ中高一貫校の国語の入試問題としてよく使用され、わかりやすく端正な文章には定評がある。TBS、MBSラジオの情報番組にレギュラー出演し、毎日新聞（大阪）では「近藤流健康川柳」を主宰している。

書く子は育つ

作文で〈考える力〉を伸ばす！

印　刷　2016年11月10日

発　行　2016年11月25日

著　者　近藤勝重《こんどうかつしげ》

発行人　黒川昭良

発行所　毎日新聞出版株式会社

〒102－0074

東京都千代田区九段南1-6-17　千代田会館５階

電話　営業本部　03－6265－6941

図書第一編集部　03－6265－6745

印刷・製本　廣済堂

ISBN978-4-620-32420-3